A cultura como sistema aberto, como acto e drama que se expressa na palavra e na imagem para análise e interpretação do quotidiano.

O Mistério da Saúde

Título original:
Über die Verborgenheit der Gesundheit – Aufsätze und Vorträge

© Suhrkamp Verlag, Frankfurt am Main, 1993

Tradução: António Hall

Capa de FBA

Depósito Legal nº 291928/09

Biblioteca Nacional de Portugal - Catalogação na Publicação

GADAMER, Hans Georg, 1900-2000

O mistério da saúde : o cuidado da saúde e a arte da medicina.
– Reimp. - (Biblioteca 70 ; 1)
ISBN 978-972-44-1550-5

CDU 1
61

Paginação, impressão e acabamento:
PENTAEDRO
para
EDIÇÕES 70, LDA.
em
Março de 2009

ISBN: 978-972-44-1550-5
ISBN (da 1ª edição): 972-44-0952-X

Direitos reservados para Portugal por Edições 70

EDIÇÕES 70, Lda.
Rua Luciano Cordeiro, 123 – 1º Esqº - 1069-157 Lisboa / Portugal
Telefs.: 213190240 – Fax: 213190249
e-mail: geral@edicoes70.pt

www.edicoes70.pt

Esta obra está protegida pela lei. Não pode ser reproduzida,
no todo ou em parte, qualquer que seja o modo utilizado,
incluindo fotocópia e xerocópia, sem prévia autorização do Editor.
Qualquer transgressão à lei dos Direitos de Autor será passível
de procedimento judicial.

Hans-Georg Gadamer
O Mistério da Saúde
O Cuidado da Saúde e a Arte da Medicina

Prefácio

Foram sempre ocasiões especiais que me levaram a manifestar-me sobre os problemas dos cuidados de saúde e da arte da medicina. Os resultados dessas reflexões foram reunidos neste pequeno volume. Não deve surpreender que um filósofo, que não é médico nem se considera um paciente, tome parte na problemática geral que se apresenta dentro da área da saúde, na era da ciência e da técnica. Em nenhuma outra área os progressos da investigação moderna penetram tanto no campo de tensões da política social como nesta. A física deste século ensinou-nos que há limites para a mensurabilidade dos fenómenos. Reside aqui também, a meu ver, um grande interesse hermenêutico. Mas este verifica-se ainda mais quando não só nos ocupamos da natureza mensurável, como também dos seres humanos vivos. Assim, os limites da mensurabilidade e, em geral, do que se pode fazer condicionam profundamente o domínio dos cuidados de saúde. A saúde não é algo que se possa fazer. Mas que é ela, na realidade? Será um objeto da investigação científica, na mesma medida em que, quando se produz uma perturbação, se converte em objecto para nós próprios? Porque, em definitivo, a meta suprema é voltar a estar são e assim esquecer que o estamos.

Em todo o caso, os domínios da ciência projectam-se sempre sobre a vida quotidiana e quando se trata de aplicar o conhecimento científico à nossa própria saúde, podemos ser objecto de diferentes abordagens, e não exclusivamente a partir de pontos de vista científicos. A este respeito, cada um tem as suas experiências e os seus hábitos. Isto vale sobretudo quando se trata de sectores marginais da própria ciência médica, como a psicossomática, a homeopatia, as chamadas «técnicas naturistas», a higiene, a indústria farmacêutica e todos os aspectos ecológicos relacionados com a saúde. Vale igualmente nos casos do subsídio de doença e de reforma da população. Os custos, cada vez mais elevados, exigem categoricamente que os cuidados de saúde sejam entendidos e vividos de novo como um dever geral da própria população.

Por isso, os artigos que aqui apresento não se dirigem exclusivamente aos médicos – a quem foram apresentados, em geral na forma de conferências –, nem também apenas aos pacientes, antes a quem quer que, como todos nós, procura cuidar da própria saúde através da sua forma de vida. Este dever especial do homem desemboca, assim, num campo de acção muito mais amplo da nossa civilização evoluída. Possuímos, em todos os domínios, uma capacidade de acção que aumentou de forma admirável, mas também atemorizante, e que importa integrar num todo politicamente ordenado. Há séculos que deixámos de adaptar a totalidade da nossa cultura a esses novos deveres. Basta lembrar a confiança na humanidade que animava o século XVIII e compará-la com a atitude que os seres humanos manifestam perante a vida em finais do século XX, ou era das massas. Pensemos apenas no imenso desenvolvimento da técnica de armamento e no potencial destrutivo que tal implica. Pensemos na ameaça que paira sobre as condições de vida devido ao progresso técnico, de que todos usufruímos. Mas pensemos também no tráfico de armas, tão incontrolável como o da droga e, não em último lugar, na torrente de informação que ameaça afogar o nosso discernimento.

PREFÁCIO

O enigma da saúde representa apenas um pequeno recorte de todas as tarefas que temos pela frente. Em todos os domínios, trata-se de estabelecer um equilíbrio entre o poder-fazer e a responsabilidade na vontade e na acção. Os problemas dos cuidados de saúde constituem um aspecto desta totalidade, que afecta directamente a todos e, por isso, só podemos estar de acordo acerca dos limites do que é possível fazer, quando tais limites nos são indicados pela doença ou pela morte. A preocupação com a própria saúde é um fenómeno primordial do homem.

Teoria, técnica, prática

«Não resta dúvida de que todo o nosso conhecimento começa pela experiência.» ([1]) Esta célebre frase inicial da *Crítica da Razão Pura* de Kant é válida também para o conhecimento que temos do homem. De um lado, a totalidade dos resultados da investigação científica em permanente desenvolvimento, que denominamos «a ciência». Do outro, o conhecimento da experiência, a chamada «prática», os conhecimentos que todos, na sua vida, permanentemente coleccionam: o médico, o sacerdote, o educador, o juiz, o soldado, o político, o comerciante, o operário, o empregado, o funcionário. E não apenas na esfera profissional de cada um, mas também na existência privada e pessoal, cresce continuamente a experiência que o homem vai tendo de si mesmo e do seu próximo. Mas o homem também está mergulhado numa enorme riqueza de conhecimentos provenientes da tradição cultural, da literatura, das artes em geral, da filosofia, da historiografia e das outras

---

[1] Kant, Immanuel, *Crítica da Razão Pura* (edição portuguesa: Gulbenkian).

ciências históricas. Tal conhecimento é, decerto, «subjectivo», quer dizer, consideravelmente incontrolável e instável. Todavia, é um saber que a ciência não pode ignorar; e assim, desde os dias da «filosofia prática» de Aristóteles até às épocas romântica e pós-romântica das chamadas ciências do espírito, foi-se transmitindo uma rica herança de conhecimentos acerca do homem. Mas ao contrário das ciências naturais, todas estas outras fontes de experiência têm uma faceta comum que as caracteriza. O seu conhecimento apenas se torna experiência quando é novamente integrado na consciência prática de quem age.

A experiência científica ocupa aqui um lugar diferente. Tudo o que se pode considerar experiência garantida pelo método científico caracteriza-se pela sua independência fundamental de qualquer situação prática e de qualquer integração num contexto de acção. Esta «objectividade» significa, simultaneamente, que pode estar ao serviço de qualquer contexto de acção. Foi esta precisamente a característica que alcançou a sua expressão máxima, de maneira específica, na ciência moderna e transformou amplos sectores da Terra num mundo humano artificial. Mas a experiência elaborada pelas ciências não tem apenas a vantagem de poder ser comprovada e de estar ao alcance de todos. Baseada num procedimento metódico, constitui-se na única experiência segura e no único saber capaz de legitimar qualquer experiência. O que se reúne em matéria de conhecimentos sobre a humanidade através da experiência prática e da tradição, quer dizer, fora da «ciência», deve ser submetido a um exame por parte desta e, quando aprovado, passa a pertencer ao seu campo de investigação. Não há nada que, em princípio, não esteja subordinado deste modo à competência da ciência.

Não só o facto de a ciência provir da experiência, mas também o de, segundo os seus próprios métodos, se poder denominar ciência empírica – denominação apenas aplicável desde o século XVII –, encontrou também a sua expressão fundamental na filosofia moderna. No século XIX, impôs-se a convicção geral de que havíamos entrado na era da ciência «positiva» e de que fora superada a metafísica. A esta convicção corresponde não só o «positivismo» filosófico em todas as suas variantes – enquanto recusa de toda a construção de conceitos e toda a especulação pura –, vale também para as teorias filosóficas que, como a kantiana, reflectem expressamente sobre os elementos apriorísticos de toda a experiência. Por isso a filosofia neokantiana se transformou numa teoria sistemática da experiência. O conceito de coisa em si, o elemento «realista» da teoria kantiana, foi rejeitado como dogmático, ou reinterpretado pelo neokantismo – com Fichte e Hegel – como conceito-limite do conhecimento. O objecto de conhecimento apresentava a «tarefa interminável» da determinação (Natorp). Esse seria o único sentido sustentável que têm os conceitos de «dado» e de «objecto» para a teoria do conhecimento: a tarefa interminável. Esta teoria tem o mérito indiscutível de mostrar o seu secreto dogmatismo: a fundamentação sensualista do conhecimento. O chamado dado sensível não é algo dado, antes apresenta a tarefa do conhecimento. O único «facto» digno desse nome é o facto científico.

Mas havia zonas de validade extrateóricas, como por exemplo o domínio do estético, que exigiam o seu reconhecimento e que, assim, fizeram surgir o problema do irracional na teoria neokantiana das ciências. Mas isso em nada alterou a restrição fundamental de todo o conhecimento empírico à experiência científica. Nada do que seja experimentável pode ficar fora da competência da ciência. E se em algum lugar deparamos com algo de imprevisível, casual, contrário às expectativas, isso atesta igualmente a pretensão de universalidade da ciência. Aquilo que tem uma aparência irracional é, na realidade, um fenómeno marginal ou limítrofe da ciência, como são, sobretudo, os que ocorrem quando esta se aplica à prática. O que na prática se apresenta como uma consequência inesperada e, em geral, indesejada da aplicação da ciência, na realidade é tudo menos a inevitável irracionalidade do acaso. Pela sua natureza, é apenas mais uma tarefa para a investigação. O progresso da ciência alimenta-se da sua permanente autocorrecção e exige, assim, uma prática apoiada na aplicação da ciência, esperando que esta corresponda às expectativas nela depositadas, gerando um progresso contínuo graças à autocorrecção.

Mas que significa aqui prática? A aplicação da ciência enquanto tal será já a prática? Será toda a prática uma aplicação da ciência? Apesar de toda a prática implicar a aplicação da ciência, não são ambas idênticas. Pois prática não significa apenas fazer tudo o que se pode fazer. A prática é sempre, também, escolha e decisão entre possibilidades. Tem sempre uma relação com o «ser» do homem. Isto reflecte-se, por exemplo, na expressão em sentido figurado: «Então, que andas a fazer?», com a qual não se pretende saber o que o outro fez, mas como vão as coisas. Deste ponto de vista, existe uma irremovível oposição entre ciência e prática. A ciência é essencialmente inacabada; a prática exige decisões no instante. E esta condição de toda a ciência experimental não significa apenas uma exigência legítima de universalidade, mas também que essa exigência nunca se poderá alcançar. A prática exige conhecimentos, mas isto significa que se vê obrigada a tratar o conhecimento disponível em dado momento como algo de concluído e certo. Mas o saber da ciência não é um saber *dessa* natureza. Justamente neste aspecto diferem de modo essencial entre si a ciência moderna e esse saber geral mais antigo que, antes do início da «Idade Moderna», reunia sob o nome de «filosofia» todo o saber da humanidade. O conhecimento da «ciência» não é um conhecimento concluído e, por isso, não se lhe pode chamar «doutrina». É apenas um estado momentâneo da «investigação».

É preciso compreender, em todo o seu alcance, o que surgiu no mundo ao consolidarem-se as ciências empíricas e a ideia de método que lhes serve de base. Quando comparamos «a ciência» com o conhecimento geral anterior, herdado da Antiguidade e que predominou até à Alta Idade Média, vemos que tanto o conceito de teoria como o de prática mudaram. É claro que sempre se aplicou o conhecimento à prática. Falava-se de «ciências e artes» (*epistemai e technai*). A «ciência» era apenas o desenvolvimento máximo do saber, que guiava a prática. Mas entendia-se a si mesma como pura *theoria*, quer dizer, como um saber procurado por si mesmo e não pela sua importância prática. Justamente por isso, na ideia grega de ciência começou a agravar-se o problema da relação entre ciência e prática. Enquanto o saber matemático dos geómetras egípcios ou dos astrólogos babilónicos era apenas um património de conhecimentos recolhidos da prática e para a prática, os Gregos transformaram esse poder e esse saber num conhecimento das causas e, assim, num conhecimento demonstrável, do qual se desfrutava, por assim dizer, por uma natural curiosidade. Assim se formou a ciência grega, tanto a matemática como o movimento iluminista da filosofia grega da natureza e, dentro do mesmo espírito – e apesar da sua relação essencial com a prática – também a medicina grega. Assim se separaram, pela primeira vez, a ciência e a sua aplicação, a teoria e a prática.

A moderna relação entre a teoria e a prática, resultante do conceito de ciência próprio do século XVII, não tem comparação com as precedentes, porque a ciência deixou de ser a síntese do conhecimento sobre o mundo e sobre o homem, tal como a concebera e articulara na forma comunicativa da linguagem a filosofia grega, nas suas duas vertentes: a filosofia da natureza e a filosofia prática. O fundamento da ciência moderna é, num sentido muito novo, a experiência porque, com a ideia de um método único de conhecimento, como o formulado, por exemplo, por Descartes nas suas *Regras*, o ideal da certeza se transforma no critério de todo o conhecimento. Apenas pode ter valor de experiência o que se pode submeter a um controlo. Assim, no século XVII, a própria experiência volta a constituir-se na instância de prova que confirma ou infirma as leis que foram matematicamente pré-elaboradas. Galileu Galilei, por exemplo, não extraiu da experiência a ideia do limite da queda livre, mas como ele mesmo afirma, «*mente concipi*», quer dizer, «concebo-a na minha mente». O que Galileu assim concebeu, como a ideia da queda livre, não foi, de facto, um objecto da experiência. O vácuo não existe na natureza. Descobriu, isso sim, e justamente mediante tal abstracção, leis que extraiu da rede de relações causais e do emaranhado da experiência concreta. Quando a mente isola as diferentes relações e, assim, as mede e pondera, está a abrir a possibilidade de introduzir, deliberadamente, factores de tipo causal. Por isso, não é absurdo afirmar que as ciências naturais modernas – sem prejuízo dos interesses puramente teóricos que as animam – não implicam tanto uma questão de saber como de poder-fazer, quer dizer, são uma prática. É o que afirma B. Croce na *Lógica* e na *Prática*. Eu consideraria mais acertado afirmar que a ciência possibilita um conhecimento orientado para o poder-fazer, um domínio da natureza fundado no seu conhecimento, quer dizer, uma técnica, e esta não é exactamente uma prática, porque não é um saber que se obtenha através de uma soma de experiências surgidas da prática de uma situação da vida e das circunstâncias da acção, é antes um saber que tem uma relação específica e nova com a prática, a saber, a da aplicação construtiva, e que apenas se torna possível graças a ela. O seu método de procedimento exige, em todas as áreas, uma abstracção que isole as diferentes relações causais. Isto obriga a levar em conta a inevitável particularidade da sua competência. Mas o que nasceu assim foi «a ciência», que trouxe consigo um novo conceito tanto da teoria como da prática. Isto constituiu um verdadeiro acontecimento na história da humanidade, que conferiu à ciência um novo acento social e político.

Por isso, não é em vão que chamamos à época actual a era das ciências. Existem, sobretudo, dois motivos que justificam esta denominação. Por um lado, o domínio da natureza através da ciência e da técnica só agora assumiu as dimensões que permitem distinguir qualitativamente o nosso século dos séculos anteriores. Não se trata apenas de a ciência se ter transformado hoje no primeiro factor produtivo da economia humana. Acontece também que a sua aplicação prática criou uma situação fundamentalmente nova. Ela já não se limita, como sempre aconteceu, no sentido de *techne*, a preencher as possibilidades de maior aperfeiçoamento que a natureza permitia (Aristóteles). Ascendeu ao plano de uma contra-realidade artificial. Antigamente, a transformação do nosso ambiente remontava a causas mais ou menos naturais, como, por exemplo, as mudanças do clima (glaciação), os efeitos da acção meteorológica (erosão, sedimentação, etc.), os períodos de seca, a formação de pântanos e outros factores semelhantes, e só ocasionalmente se devia à intervenção do homem, como, por exemplo, o abate de florestas, que tem como consequência a formação de desertos, ou o extermínio de espécies animais devido à caça, ao esgotamento dos solos por excesso de cultivo ou a depredação. Estas transformações eram, em maior ou menor grau, irreversíveis. Mas, nestes casos, a humanidade salvava-se retirando para novas regiões ou aprendendo a evitar as consequências a tempo. De resto, o trabalho humano, o do recolector, do caçador ou do agricultor, não provocava verdadeiras perturbações no equilíbrio da natureza.

Hoje, pelo contrário, a exploração técnica das riquezas naturais e a modificação artificial do ambiente são tão planificadas e tão extensas que as suas consequências põem em perigo os ciclos naturais e desencadeiam processos irreversíveis em grande escala. O problema da defesa do ambiente é a expressão visível da totalização da civilização técnica. Levantam-se à ciência problemas evidentes, de importância crescente, e tem de defendê-los perante a consciência pública, pois a população já se tornou consciente dos efeitos da civilização técnica. Isto conduz, por um lado, à cegueira emocional com que a opinião pública costuma reagir a estes fenómenos, no sentido da crítica da cultura. Importa evitar a tempo o iconoclasmo que nos ameaça.

Por outro lado, existe uma crença supersticiosa na ciência, estimulada pela irresponsabilidade tecnocrática com que se difunde, sem cerimónia, o poder da técnica. A ciência deve empreender, em ambas as direcções, uma espécie de tarefa de desmitificação de si mesma, e deve fazê-lo com os seus próprios meios: a informação crítica e a disciplina metódica. Temas como a vida urbana, o ambiente, o crescimento da população, a alimentação mundial, os problemas da velhice, etc., ocupam, e com razão, um lugar privilegiado na temática científica relacionada com o nosso conhecimento do homem. A bomba atómica revela-se, cada vez mais, um mero caso especial dentro dos perigos para a humanidade e para a sua vida neste planeta a que a própria ciência conduziu e que deve contribuir para resolver.

Mas também no seio da ciência existe a ameaça de um perigo semelhante de autodestruição, surgido directamente do aperfeiçoamento da investigação moderna. A especialização da investigação superou, há muito, a orientação geral que possibilitou o saber enciclopédico do século XVIII. No entanto, ainda no início do nosso século havia suficientes canais de informação bem organizados, que permitiam ao leigo participar dos conhecimentos da ciência e ao investigador intervir no campo de outras ciências. Entretanto, a expansão mundial e a crescente especialização das investigações produziram uma inundação de informação que se voltou contra si própria. A maior preocupação do bibliotecário actual consiste em imaginar como armazenar e administrar – e administrar significa, neste caso, transmitir – as massas de informação que crescem ameaçadoramente ano após ano. O investigador especializado vê-se num estado de desorientação semelhante ao do leigo, assim que espreita para além do estreitíssimo domínio da sua área de trabalho. Tal experiência costuma, muitas vezes, ser necessária ao investigador, uma vez que este, hoje em dia, já não pode encarar os novos problemas que vão surgindo unicamente com os antigos métodos da sua própria ciência. Finalmente, também é necessário ao leigo, que não deseja obter informações tendenciosas e dirigidas a influir na sua acção política, formar o seu próprio juízo sobre os factos. No meio desta maré de informação, o leigo vê-se obrigado a receber os dados provenientes de determinado sector da informação, que são por isso parciais.

Isto leva-nos ao segundo aspecto devido ao qual a ciência se transformou hoje num novo factor da vida humana: a sua aplicação à própria vida da sociedade. As ciências sociais estão prestes a mudar, de maneira fundamental, a prática da convivência humana, habitualmente moldada por tradições e instituições. Baseando-se no estado da civilização técnica actual, a ciência também se considera actualmente autorizada a colocar a vida social num plano racional e a fazer desaparecer os tabus fundados na indiscutível autoridade da tradição. Isto acontece expressamente na área da crítica das ideologias, quando estas pretendem reformar a consciência social através de reflexões emancipatórias, porque ela vê nas relações de dominação económicas e sociais forças repressivas em acção. A forma mais efectiva, uma vez que a todos atinge, é o silencioso avanço do domínio técnico e do automatismo racional, que substituem a decisão pessoal do indivíduo e do grupo em áreas cada vez mais vastas da vida humana.

Trata-se de uma transformação fundamental da nossa vida e ela é tanto mais importante quanto não se trata do progresso científico e técnico enquanto tal, mas de uma decidida racionalidade na aplicação da ciência, que transcende, com renovada despreocupação, a força de obstinação do hábito e todas as inibições de tipo «ideológico». Outrora, os efeitos que as novas possibilidades do progresso podiam produzir em nós eram limitados pelas normas válidas na nossa tradição cultural e religiosa, normas essas inquestionáveis e naturais.

Pensemos, por exemplo, nas emoções suscitadas pela polémica em torno do darwinismo. Passaram décadas antes que se tornasse possível uma discussão objectiva e desapaixonada; e ainda hoje o darwinismo agita os ânimos. Apesar de a descoberta científica de Darwin ser actualmente incontestada, a sua aplicação, por exemplo à vida social, continua a ser objecto de diversas objecções. Sem tomar posição a respeito deste problema, podemos verificar fundamentalmente que a aplicação dos conhecimentos científicos em áreas em que está em jogo o que hoje se denomina a autocompreensão do homem não só pode provocar conflitos, mas também, fundamentalmente, faz entrar em jogo factores extracientíficos que defendem os seus próprios direitos.

Vemos assim, hoje, de que modo a própria ciência entra em conflito com a nossa consciência do valor humano. Penso, por exemplo, nas terríveis perspectivas da genética moderna no que toca à introdução de mudanças no património genético e na manipulação da reprodução. Não tem a força dramática que teve, na altura, o darwinismo. Também não tem a horrorosa evidência que teve a aplicação da energia atómica na destruição da vida em Hiroxima. Mas o cientista já ganhou consciência da sua crescente responsabilidade pelo futuro do homem.

Quando nos questionamos de que modo se reflecte esta situação geral da nossa consciência na posição antropológico-filosófica adoptada pelos actuais investigadores neste campo, a resposta é muito heterogénea. Um certo ponto de vista, mais ou menos público, é constituído pela crítica à tradicional afirmação de que o homem ocupa um lugar especial no cosmos, afirmação que, face ao progresso dos conhecimentos no campo das ciências naturais, se vai mostrando, cada vez mais, com um resíduo teológico e ressurge na temática do nosso conhecimento do homem, de cada vez que se procuram definir as diferenças entre a homem e o animal. Esta poderia ser a causa da extraordinária ressonância pública que teve a etologia, anteriormente com Uexküll e hoje em dia com Lorenz e os seus discípulos.

Ninguém imagina, actualmente, que se possa levar a cabo a integração que o nosso conhecimento do homem exige. Os nossos progressos no campo do conhecimento estão submetidos à lei da progressiva especialização, ou seja, à cada vez maior dificuldade de alcançar a sua síntese. A acção do homem, quer dizer, a aplicação consciente dos seus conhecimentos e da sua capacidade para conservar a saúde ou o equilíbrio social, em especial a paz, carece evidentemente de um fundamento científico unitário. É inevitável, portanto, que se procure adquiri-la através de suposições ideológicas. Retrospectivamente, reconhecemos com facilidade aquilo que decerto acontece no presente sem que o reconheçamos, a saber, como determinados conhecimentos fascinantes são elevados à categoria de esquemas conceptuais de validade geral. Um exemplo disto é a construção da ciência da mecânica e a sua transposição para outras áreas, e a correcção que aqui trouxe, não em último lugar, a cibernética. Mas a validade dos conceitos de consciência e de vontade também tem um carácter dogmático semelhante. Os conceitos de consciência, de autoconsciência e de vontade, na forma que revestem para o idealismo filosófico, dominaram tanto a teoria do conhecimento como a psicologia do século XIX. Eis um excelente exemplo do significado que os conceitos teóricos podem ter na sua expressão antropológica.

Não é aqui o lugar para analisar o dogmatismo que encerram os conceitos de consciência e de alma, de imaginação ou de conteúdo da consciência, por um lado, e o conceito de faculdade da alma, por outro. Basta compreender que o princípio da autoconsciência, tal como o conceito de Kant de síntese transcendental da apercepção, que constituiu a base da posição do idealismo e se difundiu retrospectivamente até Descartes e depois até Husserl, foi submetido à crítica que se iniciou com Nietzsche e que conseguiu impor-se, de diversa maneiras, no nosso século, por exemplo através de Freud e Heidegger.

No nosso contexto, tal crítica significa, entre outras coisas, que o papel social passa a ocupar o primeiro plano a respeito da autocompreensão que a pessoa tem de si mesma. Que significa a perseverante identidade do eu? Existe realmente o eu, tal como é atestado pela autoconsciência? De onde lhe advém a continuidade da sua ipseidade? Reside aí a «luta pelo reconhecimento», que Hegel descreveu como dialéctica da autoconsciência, ou – a sua antítese – a interioridade cristã, fundamentada por Kierkegaard no sentido de «escolha», através do conceito ético da continuidade. Será porventura o eu apenas a criação secundária de uma unidade conformada por papéis cambiantes, algo como o que Brecht postula, ao negar legitimidade ao antigo conceito dramatúrgico de unidade da personagem em *Der gute Mensch von Sezuan* [A Boa Pessoa de Se Chuan] e na sua teoria do teatro épico? As investigações do behaviorismo representam também um exemplo da desdogmatização da autoconsciência. A renúncia à «interioridade do anímico» ([2]) que elas implicam significa, positivamente, que aqui se estudam padrões de comportamento comuns ao homem e ao animal e que não estão ao alcance de um conceito como o de autocompreensão.

Todavia, a contribuição da antropologia filosófica para a nova ciência do homem é considerável, mesmo depois de a teologia da alma e a mitologia da autoconsciência terem sucumbido à crítica. Se considerarmos o estado total das investigações, semelhante contribuição é, segundo parece, ainda aquela que possui maior fecundidade heurística, comparada com os modelos científicos oferecidos pela cibernética e pela física. As últimas contribuições teóricas e fisiológicas para a relação entre consciência e corpo, ou seja, alma e corpo, são de

---

([2]) Philipp Lersch, 1941.

um impressionante cuidado metodológico e muito inventivas. Também é bastante impressionante aprender, através da biologia e da etologia, até que ponto são contínuas as transições entre o comportamento animal e o humano, assim como aprender que, se nos guiarmos exclusivamente pelo comportamento, não é tão fácil explicar o «salto» que conduz ao homem com base em determinadas características que distinguem o ser humano dos restantes animais. O avanço da investigação mostra que a paixão anti-evolucionista, que se depositou na polémica sobre as teorias de Darwin, actualmente já não tem importância. Mas, justamente, quando se coteja o homem e o animal tanto quanto permitem supor os fenómenos – e tal é surpreendente nos modelos de comportamento –, a posição peculiar do homem na natureza parece pronunciar-se mais. Com efeito, considerado em toda a sua naturalidade, o homem surge como algo de extraordinário, e a evidência de que nenhum ser vivo além dele converteu o seu próprio meio ambiente num meio cultural, transformando-se assim em «senhor da Criação», adquire uma força reveladora nova e extrabíblica. Essa evidência já não ensina que a alma é determinada por um além, mas, pelo contrário, que a natureza não é natureza no sentido sugerido pela ciência natural dos séculos passados, quer dizer, «matéria submetida a leis» (Kant). A «economia da natureza», que foi um conceito teleológico fecundo na era da mecânica, e que ainda hoje tem consideráveis adeptos, não é o único ponto de vista existente para pensar a natureza. A evolução da vida é também um processo de dissipação.

Os pontos de vista da autopreservação e da adaptação perdem a sua função-chave na investigação do ser vivo. Também é afectada a filosofia das instituições, definida por Gehlen como compensação da dotação biológica deficiente do homem, esse «animal não determinado», como lhe chama Nietzsche. As contribuições de biólogos, etnólogos, historiadores e filósofos coincidem em defender que o homem não é homem por dispor de dotes especiais, vinculado com o além (conceito de espírito, de Scheler), mas que a sua dotação incompleta também não basta para explicar a sua posição especial. Antes, as propriedades que o caracterizam parecem ser a riqueza de faculdades e dotes para a percepção e o movimento, e a sua instabilidade. Plessner ([3]) denominou-a a sua «excentricidade». O homem caracteriza-se pela sua vontade de transcender o próprio corpo e, em geral, por certas formações naturais da vida, por exemplo, na sua conduta a respeito dos seus congéneres e sobretudo na «invenção» da guerra. Neste aspecto, também a psicologia moderna ocupa um lugar importante, precisamente porque combina os métodos de investigação das ciências naturais e sociais com os das ciências hermenêuticas e, assim, prova os métodos mais diversos aplicando-os ao mesmo objecto.

Da constituição excêntrica da vitalidade humana surgem a seguir as formas diferenciadas nas quais o homem aperfeiçoa a sua excentricidade e que denominamos a sua cultura. Os grandes temas da economia, do direito, da linguagem e da religião, da ciência e da filosofia, não se limitam a testemunhar do homem enquanto seus vestígios objectivos. Junto a eles, está a informação que o homem adquire por si mesmo e que a si mesmo transmite. Plessner resume tudo isto dizendo que o homem «toma corpo». A partir daqui surge e difunde-se outra fonte de conhecimento da humanidade, com a qual já contam as ciências naturais, que deu ao investigador diversas contribuições para o conhecimento do homem e neles deixou a sua marca. Graças ao conhecimento que o homem tem de si mesmo é que a «ciência» – a qual procura reconhecer tudo o que está ao alcance dos seus meios metodológicos – se vê confrontada, de uma maneira especial, com o tema «homem». A sua tarefa de conhecer apresenta-se-lhe, constantemente, como uma tarefa aberta ao infinito.

([3]) H. Plessner, *Philosophische Anthropologie*, com um comentário final de G. Dux, Francoforte, 1970, p. 47 e ss.

Qual é o conhecimento que o homem tem de si mesmo? Poder-se-á entender com os meios da ciência o que é a «autoconsciência»? Trata-se de uma objectivação teórica do seu eu, comparável à objectivação, por exemplo, de uma obra ou à de um instrumento, que o homem pode projectar previamente segundo um plano? Evidentemente que não. É verdade que a consciência humana se pode transformar de maneira complicada em objecto de uma investigação das ciências naturais. A teoria da informação e a técnica mecânica podem tornar-se fecundas para a investigação do homem, ao explicarem o funcionamento da consciência humana através dos seus modelos. Mas o desenvolvimento de modelos não pretende dominar cientificamente a vida orgânica e consciente do homem. Contenta-se com elucidar, através da simulação, o mecanismo altamente complexo das relações vitais e, em especial, da consciência humana. Podemos perguntar se tal não será uma simples expressão do facto de a cibernética ainda estar no seu começo e, portanto, não estar à altura da sua verdadeira tarefa, que é a de conhecer cientificamente sistemas tão altamente complexos. No entanto, parece-me ter sentido imaginar uma cibernética perfeita, para a qual a diferença entre a máquina e o homem já tenha caducado. O nosso conhecimento do homem deveria aperfeiçoar-se para estar em condições de criar uma máquina-homem dessa natureza. Teria de levar em conta a afirmação de Steinbuch, segundo a qual fundamentalmente, «na teoria dos autómatos e na linguística, não há conhecimentos que permitam estabelecer uma diferença entre o que os homens podem e o que os autómatos *não* podem».

Mas aqui não se trata do poder das máquinas e do poder dos que as utilizam. Trata-se do que os homens querem fazer com o seu poder. «Pode» uma máquina também querer? Significará isto que pode não querer fazer o que consegue fazer? Por outras palavras, representará o autómato perfeito o ideal de um homem utilizável? É, de facto, um substituto ideal da mão-de-obra humana em muitos processos de trabalho e um dos maiores problemas do futuro poderia ser – como foi, na altura, a aplicação dos teares mecânicos – como incorporar essas máquinas na vida económica e social.

Até aqui a automatização afecta a prática social – mas, por assim dizer, a partir de fora. Não diminui a distância existente entre o homem e a máquina, antes torna visível a sua impossibilidade de fazer desaparecer tal distância. Até o homem mais utilizável continua a ser o próximo de quem o usa e tem um conhecimento de si próprio, que não é apenas autoconsciência da sua própria capacidade – como a que pode ter a máquina ideal, que a si mesma se controla –, mas uma consciência social, que determina tanto aquele que o utiliza como a si mesmo. Por outras palavras, que determina todos os que ocupam um lugar no processo social do trabalho. Até o simples consumidor tem um lugar, apesar de ser indirecto.

Assim se esclarece, a partir de um ponto extremo como o da perfeição técnica, aquilo que foi desde o princípio o verdadeiro sentido humano da «prática». Esta caracteriza-se pela possibilidade de um comportamento humano que chamamos «teórico». Semelhante possibilidade faz parte da essência da «prática» humana. Sempre contribuiu para que o poder--fazer e o saber humanos não se adquirissem apenas através da aprendizagem e da experiência – é a emancipação dos meios, transformados em instrumento, que potencia aqui a capacidade humana para aprender e transmitir o seu poder-fazer através das gerações. Tal implica o predomínio consciente de relações causais, que permite dirigir o próprio comportamento de uma forma planificada. Mas também exige o ordenamento consciente num sistema de objectivos. Da mesma maneira, achar-se-á que a outra formulação da investigação, mais moderna, está em conformidade com os mais antigos conhecimentos do pensamento grego, segundo os quais a linguagem humana se distingue fundamentalmente do sistema de sinais próprio da comunicação animal porque consegue objectivar estados de coisas e relações, o que significa, ao mesmo tempo, torná-las antecipadamente visíveis para qualquer tipo de comportamento. Disso depende o uso dos meios para diferentes fins, o uso de diferentes meios para o mesmo fim, mas também a ordem de preferências dos próprios fins. De modo que poder comportar-se teoricamente faz parte da prática do homem. É evidente que o dom de «teorizar» permitiu ao homem distanciar-se a respeito dos objectos imediatos do seu desejo, moderar a sua avidez, como disse Hegel, e assim assumir um «comportamento objectivo» que se vai desenvolvendo tanto no fabrico de instrumentos como na linguagem humana. Como uma nova distanciação, surge nele a possibilidade de ordenar socialmente toda a sua conduta, quer dizer, de acordo com os objectivos da sociedade.

É evidente que na forma mais simples das relações entre o saber e a acção há já um problema de integração. O saber humano, pelo menos desde que existe a divisão do trabalho, desenvolve-se de tal forma que assume o carácter de uma especialização que importa adquirir. Deste modo, a prática transforma-se num problema: um saber que pode ser transmitido independentemente da situação da acção e que, portanto, pode ser eliminado do contexto prático da acção, deve aplicar-se a cada nova situação da acção humana. Ora o conhecimento geral adquirido por um homem através da experiência, que intervém de forma determinante nas decisões práticas do ser humano, não pode separar-se do conhecimento adquirido através de um saber especializado. E mais, num sentido ético, existe a obrigação de saber tudo na medida do possível e, hoje, tal significa estar informado também pela «ciência». A célebre distinção estabelecida por Max Weber entre ética da convicção e ética da responsabilidade decidiu-se a favor da segunda no próprio momento em que foi estabelecida. De modo que a pletora de informações que a ciência moderna pode proporcionar acerca do homem, a partir dos seus aspectos parciais, nunca se deve excluir da área dos interesses práticos do homem. No entanto, o problema reside precisamente nisso.

Embora todas as decisões práticas do homem dependam, sem dúvida, do seu conhecimento geral, a aplicação concreta desse conhecimento apresenta uma dificuldade específica. É uma questão de discernimento (e não de ensino e aprendizagem) reconhecer a conveniência da aplicação de uma regra geral a uma situação dada. Esta decisão deve tomar-se de cada vez que um conhecimento geral é levado à prática e é, em si mesmo, irrevogável. Mas há áreas do comportamento prático em que tal dificuldade não conduz a um conflito. Isto vale para todo o campo da experiência técnica, quer dizer, do poder-fazer. Ali, o conhecimento prático constrói-se, passo a passo, com base naquilo que se vai encontrando na realidade. O conhecimento geral que a ciência proporciona ao compreender os motivos deste processo pode acrescentar-se e servir de correctivo, mas não torna prescindível o conhecimento prático.

Não obstante, já neste simples caso de um conhecimento orientado para a fabricação, que inclui no seu conceito tanto o conhecer como o poder-fazer, podem apresentar-se tensões. E esta simples relação entre o «conhecimento teórico» e a acção prática complica-se cada vez mais nas condições do moderno funcionamento da ciência. Sob a expressão «funcionamento da ciência», surge a chave da diferença qualitativa que se produz ao tornar-se mais complexa a relação entre o saber e o agir.

A institucionalização da ciência como empresa faz parte do amplo contexto da vida social e económica na era industrial. Não só a ciência é uma empresa, como todos os processos de trabalho da vida moderna estão organizados de maneira empresarial. O indivíduo é incorporado, com uma determinada função, num todo empresarial maior. Tem uma função bem prevista dentro da organização – altamente especializada – do trabalho moderno, mas, simultaneamente, carece de uma orientação própria a respeito desse todo. Em geral, cultivam-se as virtudes da acomodação e do ajuste às formas racionais de organização e deixa-se de lado a independência de juízo e de acção. Esta característica baseia-se no desenvolvimento da civilização moderna e pode formular-se como uma regra geral: quanto mais racionais são as formas de organização da vida, tanto menos se pratica e ensina o uso individual do senso comum. A psicologia moderna aplicada ao trânsito, por exemplo, conhece os perigos que a automatização das regras estabelecidas encerra, pelo que o condutor tem cada vez menos oportunidades de adoptar decisões independentes, livres, a respeito do seu comportamento e, desta maneira, esquece-se de como tomar decisões razoáveis.

A tensão entre a ciência teórica e a sua aplicação prática – que está no âmago desta questão – é sempre vencida quando a ciência enfoca o tema da sua política de aplicação a cada domínio específico e o apresenta como ciência aplicada. A essência do que denominamos técnica tem esta característica: é uma ciência aplicada. Mas a tensão não desaparece por isso; antes se intensifica, como assinala a regra anteriormente mencionada. Nesta altura, poderíamos formulá-la desta maneira: quanto mais se racionaliza o terreno da aplicação tanto mais decai o real exercício da capacidade de juízo. E, com isso, a experiência técnica no seu verdadeiro sentido.

Este processo tem uma dupla face, porque se trata da relação entre produtor e consumidor. A espontaneidade de quem faz uso da técnica vê-se eliminada, cada vez mais, precisamente pela própria técnica. O utilizador tem de assemelhar-se às suas leis e renunciar, nessa medida, à «liberdade». Passa a depender do correcto funcionamento da técnica.

A isto acrescenta-se uma falta de liberdade muito diferente para quem se encontra nessa situação de dependência. Há uma criação artificial de necessidades, sobretudo provocada pela publicidade moderna. Trata-se, fundamentalmente, de uma dependência a respeito dos meios de informação. A consequência desta situação é que tanto o profissional que recebe novas informações como o publicista, quer dizer, o informador informado, se transformam em si mesmos num factor social.

O publicista sabe e decide em que medida devem ser informados os outros. O profissional, por fim, representa uma instância intocável. Se ninguém, salvo o profissional, pode emitir um juízo sobre o profissional, e até um fracasso ou um erro podem ser julgados por profissionais (pensemos nos «erros» do médico ou do arquitecto), tal significa que essa área se tornou, em certo sentido, autónoma. O apelo à ciência é irrefutável. A consequência inevitável é que se exija numa medida muito maior o que lhe permite a sua competência e, dentro desta figura – apesar de não em último lugar –, a área lógica da sua própria aplicação. É um mérito do sociólogo norte--americano Freidson ter-se ocupado da «autonomização» que se produz nas profissões práticas e, sobretudo, na medicina, por causa do apelo da ciência. Freidson destacou – em especial no capítulo «The limits of professional knowledge» (Os limites do conhecimento profissional) – que a ciência médica pura, como tal, não é competente, porque são muitos os factores que nela intervém: escalas de valores, hábitos, preferências e até interesses próprios. Do ponto de vista da ciência, que o autor adopta com todo o rigor da «racionalidade crítica», nem sequer é válido o apelo à *wisdom* (sabedoria). Freidson apenas vê nela a atitude autoritária do especialista que se defende dos argumentos do leigo. Trata-se, certamente, de uma perspectiva muito unilateral, que leva ao extremo um padrão de ciência objectiva. Mas a crítica formulada às pretensões sociopolíticas do especialista pode ser saudável, mesmo no caso de tal apelo à *wisdom:* defender o ideal da sociedade livre. De facto, nela, o cidadão não tem apenas o direito de se emancipar da autoridade do especialista.

Tudo isto tem especial actualidade no terreno da ciência e na arte da medicina. Ali vacila-se, já na denominação da própria disciplina, entre as expressões ciência e arte, e o panorama que nos oferece, por exemplo, a história da medicina em relação com uma tensão deste tipo é particularmente apelativo. Isto relaciona-se com uma característica da arte de curar, que vê a sua tarefa mais como o restabelecimento de algo natural do que como a arte de produzir algo artificial. Porque neste caso se trata apenas de uma forma limitada da técnica, quer dizer, do fazer algo de artificial (desde há muito tempo na odontologia e, surpreendentemente cedo, também na cirurgia), ainda hoje o médico pode utilizar a sua capacidade de juízo num sector particularmente amplo da sua acção. Embora seja certo que tudo o que chamamos diagnóstico é, de um ponto de vista formal, a subordinação de um caso dado à norma geral de uma doença, no «separar e reconhecer», o verdadeiro sentido do diagnóstico, é que reside a verdadeira arte. Não há dúvida de que para isso se requerem conhecimentos médicos gerais e especiais. Mas tal não basta. O diagnóstico equivocado, a correlação errónea, não se atribui – em geral – à ciência, mas à «arte» e, em última instância, à capacidade de juízo do médico.

Ora bem, a profissão de médico caracteriza-se, sobretudo, por dever não só manter e restabelecer o equilíbrio natural – como acontece, por exemplo, no caso da agricultura ou na pecuária –, mas o dos seres humanos, que são os que devem ser «tratados». Isto também limita a competência científica do médico. O seu conhecimento é, neste aspecto, fundamentalmente diferente do conhecimento do artesão. Este pode defender com facilidade a sua competência perante as objecções do leigo: o seu saber e o seu poder-fazer são confirmados pelo êxito da obra. Por acréscimo, o artesão trabalha por encargo e, em última instância, o uso fixa-lhe os padrões. Quando a tarefa é clara, a competência do artesão é ilimitada e indiscutida. Certamente que isto ocorre muito poucas vezes, por exemplo, no caso dos arquitectos ou dos alfaiates, porque o solicitante raramente sabe o que quer. Mas, no fundamental, a tarefa que se assume ou se recebe estabelece uma relação que une as duas partes com as suas respectivas obrigações e que deixa de existir quando a obra se completa.

O médico, pelo contrário, não realiza uma obra concreta. A saúde do paciente não pode ser vista assim. Apesar de, obviamente, constituir o objectivo da acção médica, a saúde não é algo «feito» pelo médico. E a isto acrescenta-se outra dificuldade: o objectivo, a saúde, não é um facto social; pelo contrário, é muito mais um facto psicológico-moral do que um facto demonstrável pelas ciências naturais. Tudo isto, quer dizer, aquilo que antes transformava o médico da casa em amigo da família, assinala elementos da afectividade médica que hoje deixaram um doloroso vazio. No entanto, tanto o poder de convicção do médico como a confiança e a colaboração do paciente representam um factor curativo essencial. Este factor curativo pertence a uma dimensão completamente diferente da da acção físico-química dos medicamentos sobre o organismo ou da da «intervenção» cirúrgica.

Mas o exemplo do médico demonstra, com particular clareza, em que medida se agudiza a relação entre a teoria e prática sob as condições da ciência moderna. Por um lado, está o diagnóstico, que requer hoje uma técnica tão especializada que – em geral – não resta ao médico outra saída senão expor o paciente ao anonimato da tecnologia clínica. E algo semelhante acontece com o tratamento. Isto tem as suas consequências no processo global. Comparada com a do médico de família da velha escola, a experiência prática do médico clínico actual, que só considera o seu paciente do ponto de vista do seu estado clínico, é inevitavelmente abstracta. Como já assinalámos, o médico prático de hoje – apesar de manter as visitas domiciliárias – apenas pode adquirir uma estreita margem de experiência. Os exemplos demonstram-nos que o desenvolvimento de certas técnicas práticas só aparentemente reduz a distância existente entre o conhecimento geral que a ciência fornece e a decisão correcta adoptada num dado momento. O certo é que, apesar de tudo, antes amplia a diferença qualitativa existente entre o conhecimento prático e o conhecimento científico. A margem de juízo e de experiência dentro da qual se adoptam as decisões práticas reduz-se, justamente, porque as técnicas aplicadas são indispensáveis. O poder da medicina moderna é deslumbrante. No entanto, apesar de todos os progressos que as ciências naturais trouxeram ao nosso conhecimento da doença e da saúde, e apesar da enorme inversão efectuada em técnicas racionalizadas que permitem o diagnóstico e o tratamento, o terreno do não racionalizado continua a ser, neste aspecto, particularmente amplo. Tal torna-se evidente, por exemplo, no facto de o conceito de médico eficaz e até genial se aproximar – como em todos os tempos – mais do artista do que do homem de ciência. Por isso, neste aspecto mais do que em qualquer outro, é impossível negar o indispensável e quão digno é procurar a experiência prática. Apesar da pretensão de *wisdom*, a pretensão de ser um médico «sábio» pode ser, quando exibida, um meio ilegítimo de coacção; ao fim e ao cabo, isso acontece em todas as áreas em que alguém se constitui em «autoridade». Mas tal como é absurdo considerar a autoridade em si mesma como algo de ilegítimo, que deveria ser substituído por formas de decisão «racionais» (como se se pudesse excluir o peso da autêntica autoridade em qualquer forma de organização da convivência humana), a participação da «experiência» na constituição da sabedoria é tão inegável como convincente, especialmente no caso do médico, mas não apenas nele.

Encontrar-se-á em todas as áreas que o permitam a aplicação de regras práticas, assim como em toda a «práxis» se tornará, decerto, claro que quanto mais alguém «dominar» o seu poder-fazer tanto maior será a sua liberdade a respeito desse poder-fazer. Quem «domina» a sua arte não precisa de demonstrar a sua superioridade nem a si mesmo nem aos outros. É uma máxima da antiga sabedoria platónica que a verdadeira capacidade é, justamente, a que permite distanciar-se a respeito dela. Um corredor magistral é quem melhor pode caminhar «lentamente»; quem sabe é quem mente com maior segurança, etc. O que Platão quer dizer, sem explicitá-lo, é que a liberdade quanto ao próprio saber-fazer outorga liberdade para adoptar os pontos de vista da verdadeira «práxis», que vão além da competência do saber-fazer e representam aquilo que Platão chama «a bondade», aquilo que determina as nossas decisões prático-políticas.

Justamente em relação com a arte da medicina, fala-se também em «dominar». O médico não só domina a sua ciência (como todo aquele que sabe-fazer), mas também se afirma que a ciência médica «dominou» ou está quase a dominar certas doenças. Nestas expressões realça-se o carácter especial que reveste o poder-fazer do médico, que não «faz» nem «produz», mas antes contribui para o restabelecimento do doente. De modo que «dominar» uma doença significa conhecer o seu curso e poder manejá-la, e não ser senhor da «natureza» ao ponto de «suprimir» a doença. Nestes termos se fala, pelo contrário, onde a medicina mais se assemelha a uma arte técnica: na cirurgia. Mas até o cirurgião sabe que uma «intervenção não passa de uma intervenção». Por isso, na sua «indicação», deverá sempre almejar mais além do que pode abarcar a sua competência médica. E quando com maior segurança «dominar» a sua arte, mais livre se sentirá a respeito dela, e não apenas no domínio da própria «práxis» médica ([4]).

A elucidação do contexto metodológico interdisciplinar em que se move o investigador individual ser-lhe-á produtiva só em casos excepcionais. Esta afirmação não pretende pôr em dúvida o facto de que uma das consequências inevitáveis da organização moderna da investigação seja a de que o horizonte do especialista se limite à situação metódica e mental da sua especialidade. Contra todas as expectativas e especulações do leigo – e leigo é também o investigador que actua em áreas vizinhas – deve promover-se a cuidadosa e provisória investigação da verdadeira essência. Um correctivo de natureza especial é ter consciência do carácter processual, quer

---

([4]) Em trabalhos posteriores, eu mesmo tratei destes problemas. Cf. «Experiência e objectivização do corpo» (1987), capítulo 5 deste livro.

dizer, da provisoriedade e limitação do que a ciência sabe. A ciência poderá assim combater a crença supersticiosa de que ela consegue evitar ao indivíduo a responsabilidade pela sua própria decisão prática.

Perguntar-se-á: não o faz realmente a ciência moderna ao investigar áreas cada vez mais numerosas para, dessa maneira, as tornar cientificamente domináveis? E não há dúvida de que onde a ciência sabe algo o conhecimento do leigo perde a sua legitimidade prática. Mas também é certo que toda a acção prática ultrapassa, várias vezes, esse domínio. Como já vimos, isto vale também para o especialista, quando tem de assumir uma acção prática com base na sua competência. As consequências práticas do seu conhecimento não tornam a submeter-se à sua competência científica. E tal tem particular validade dentro do grande domínio das decisões humanas no domínio da família, da sociedade e do Estado, no qual o profissional não tem suficientes conhecimentos de importância prática para oferecer, e no qual cada indivíduo deve optar nas ditas decisões «segundo o seu melhor saber e consciência».

Voltamos, pois, a perguntar: que é que a aquisição de conhecimentos sobre o homem oferece ao conhecimento que o homem sobre si mesmo possui? Que pode produzir na prática? A resposta preferida a estas perguntas refere-se hoje a uma «mudança de consciência». De facto, podemos imaginar uma mudança de consciência no médico, no professor e talvez em qualquer outro profissional. Podemos também imaginar que o profissional se lembra dos limites do seu conhecimento específico e que se mostra disposto a reconhecer experiências incómodas para os próprios interesses do investigador. Por exemplo, experiências acerca da sua responsabilidade social e política, que surgem em todas as profissões nas quais alguns passam a depender de alguém. Desde que os horrores da guerra penetraram na consciência geral, o tema da responsabilidade da ciência ganhou grande popularidade. Mas, no fundo, o facto de o profissional não ser apenas um profissional, mas alguém cuja acção gera uma responsabilidade social e política, não é nada de novo. Já ao Sócrates apresentado por Platão custou a vida assinalar que o profissional não estava à altura das suas responsabilidades. De modo que a reflexão filosófico-moral da Antiguidade já questionava até onde pode chegar essa responsabilidade, dado o enorme uso e abuso de que podem ser objecto os produtos da arte; e procurou a resposta para tal no domínio da «filosofia prática», fazendo depender todas as «artes» da «política». Hoje dever-se-ia fazer o mesmo à escala mundial, uma vez que – sob o domínio da ordem económica vigente – todo poder científico se transforma permanentemente em técnica, como algo que promete benefícios.

A mudança podia descrever-se de outra maneira. A consciência social e política não evoluiu ao mesmo ritmo que o esclarecimento científico e o progresso técnico da nossa civilização. E o imenso crescimento das possibilidades de aplicação que a ciência pôs à disposição da formação e das realizações da sociedade encontra-se apenas numa etapa inicial. Por isso, podemos afirmar que o progresso da técnica depara com uma humanidade não preparada para o acolher. Ela oscila entre os extremos de uma resistência emocional contra o novo razoável e uma tendência, não menos emocional, para «racionalizar» todas as formas de vida e todos os aspectos da vida. Esta evolução adopta, cada vez mais, a forma atemorizante de uma fuga da realidade. Por esta razão, ganha cada vez maior importância a questão da medida da co-responsabilidade da própria ciência quanto às consequências deste processo. Contudo, subsiste o facto de que a consequência imanente da investigação tem o seu próprio carácter de necessidade. Nisto reside o seu inalienável direito a exigir a liberdade de investigar. A investigação apenas pode prosperar assumindo o risco de conjurar a ameaçadora experiência do aprendiz de feiticeiro. A significação e as consequências de cada aumento dos conhecimentos são imprevisíveis.

Por isso, não se pode falar a sério de levar a ciência, como tal, a arcar com a responsabilidade das consequências dos seus progressos. Por si só, esta traria efeitos indesejáveis: o temor à responsabilidade, a escolha dos caminhos «seguros» do progresso, a burocratização, a rotulagem externa e, por fim, o ponto morto. Ao mesmo tempo, é verdade que a ciência vai ganhando uma influência crescente na nossa vida e que, portanto, as consequências da investigação adquirem cada vez uma importância humana maior. Pensemos, por exemplo, no desenvolvimento dos adubos e conservantes químicos, no problema dos detritos (não apenas na produção de energia atómica, mas também no uso dos materiais plásticos) ou na contaminação da água e do ar. Em que medida deve a ciência assumir a responsabilidade por tudo isto?

É evidente que a ciência – também neste caso – apenas pode ser responsável por aquilo cuja responsabilidade desde sempre lhe incumbiu: por descobrir em todas essas coisas tarefas de investigação e servir assim o domínio científico e prático dos problemas que ela mesma e as suas aplicações criaram. Por isso, perguntamo-nos se não deveriam existir metaciências – futurologia, ciências da planificação, etc. – que tivessem a seu cargo semelhante tarefa. Em todo o caso, apenas assim se conseguiria adiar a decisão final. Por outras palavras: não é tarefa da ciência, mas da política, controlar a aplicação da nossa capacidade científica de poder-fazer. Por sua vez, não é dever da política, mas da ciência, controlar as suas próprias necessidades: investimentos de tempo, dinheiro, etc. Tal é, em última instância, a função da crítica científica.

Também neste aspecto, a relação entre a teoria e a prática é hoje extremamente confusa. O interesse teórico (e a base vital para o «ócio») não basta, quando o funcionamento da própria técnica tem um elevado custo baseado na divisão do trabalho. A investigação necessita, num sentido mais amplo, da política. Por sua vez, o político – e todos somos políticos na medida em que intervimos nas decisões políticas, ao fazer ou ao deixar de fazer – está cada vez mais dependente da informação científica. Deste ponto de vista, a responsabilidade do investigador aumentou, ao ver-se incrementada a importância dos resultados da sua investigação. O investigador deve conseguir que a sua necessidade seja convincente; e, para isso, tem de recorrer à capacidade de juízo da opinião pública. Mas deve, por sua vez, possuir tal capacidade de juízo, para controlar o seu próprio egoísmo profissional. Neste aspecto, a voz do investigador que lança um olhar retrospectivo sobre o seu trabalho e reflecte sobre o significado antropológico do mesmo deve pressupor um crescimento do interesse de todos aqueles cuja consciência social e política requer informação científica. A pergunta geral: que pode dizer-se acerca dos problemas da práxis humana do ponto de vista da ciência actual?, está relacionada com outra pergunta: que consequências políticas práticas extraem das suas descobertas científicas os grandes investigadores? No caso desta última pergunta, importa clarificar que as perspectivas do investigador competente se caracterizam pelo nível de informação que ele possui; mas também que, enquanto perspectivas práticas e políticas, não podem ter a mesma competência que têm as informações enquanto tais. Não passam de contributos para a consideração e a decisão prática que dizem respeito à responsabilidade de cada um.

Pretende-se assim combater a separação, feita de boa fé, entre a informação e uma determinada concepção influenciada pela prática e pela política. O conceito de informação desenvolvido pela cibernética conduz, antes, a uma problemática própria, assim que se trata do conhecimento prático do homem. Deparamos aqui com um problema antropológico: aquele que se conhece como a tarefa prática de receber as informações correctas. Evidentemente, cada máquina que armazena informação efectua uma certa selecção que corresponde, exactamente, à sua programação. Pode, por isso, eliminar certas informações que a ela afluem. Mas não esquece nada. Este facto poder-se-ia olhar como uma enorme vantagem, dado que, muitas vezes, existem motivos de queixa acerca dos limites da memória humana. Mas que a máquina não esqueça não quer dizer que recorde. Esquecer não é eliminar, e também não é, simplesmente, armazenar. É uma espécie de estado latente, que mantém a sua própria presença. Tudo depende da natureza dessa presença, porque, sem dúvida alguma, uma informação armazenada na máquina, e pronta para ser chamada, também tem uma espécie de presença latente. Mas é precisamente nisto que reside a diferença. A máquina pode, decerto, representar bem o facto neuropsicológico que chamamos *mneme*. Poderia (talvez um dia) reproduzir também os processos neuropsicológicos da «memória» (procurar e encontrar) ou da recordação «passiva» através da «ideia». Nesta medida ela «explica» o esquecer e o recordar. Mas não «pode» fazê-lo por si só, justamente porque o esquecer não é um «poder-fazer».

O exemplo do índice de palavras pode esclarecer o leigo. O orgulho de um índice processado em computador é a sua qualidade de ser completo. Existe a garantia de que nada foi esquecido ou omitido. Evidentemente, como depressa se compreenderá, isto tem os seus inconvenientes práticos. Uma palavra que figura com frequência ocupa muitas páginas do índice e produz assim uma forma especial de ocultamento daquilo que se procura. Dir-se-á que uma palavra procurada apenas se reconhece no contexto; de modo que a elaboração do índice do contexto é o próximo passo necessário para atingir a utilidade prática de um índice processado por computador. Mas, por sua vez, a ideia de contexto só pode ser aplicada de forma abstracta e isolada. O contexto «mental» que realmente o utilizador procura não se pode caracterizar. Admitamos que um índice desse tipo pode ser objectivo e dar conta com total objectividade de um texto dado. Admitamos que todo o índice temático implica uma interpretação subjectiva do texto, e que todo o utilizador individual o experimenta como uma falha. Mas, por isso mesmo, o utilizador individual apenas considerará útil o índice que responda aos seus próprios pontos de vista objectivos, numa palavra, o índice que ele próprio confeccione, e não o «índice completo». Porque só o índice confeccionado pelo utilizador é seleccionado de maneira a poder fazê-lo «recordar», potencialmente, todos os seus dados. É assim: o utilizador recorda, processo que a apresentação através do índice do contexto não pode provocar, porque este não regista em si mesmo vestígios de recordação individuais, mas oferece, obrigatoriamente, aquilo que ele «sabe». A questão é que isto tenha utilidade para o utilizador, na medida em que o enriquece com novas observações. Podem produzir-se casos como este. Mas também se pode produzir o caso contrário: que se folheie em vez de ler.

Este exemplo é um caso especial de um problema geral. Aquilo que o investigador faz com a informação na sua prática de investigação – ao seleccioná-la, eliminá-la, esquecê-la, deixar amadurecer certas opiniões e mudá-las – corresponde, em toda a sua dimensão, àquilo que qualquer ser humano faz na sua prática quotidiana. As informações devem elaborar-se através da sua selecção, a sua interpretação e a sua avaliação. Mas esta elaboração já está completa adiantadamente, quando a informação atinge a consciência prática do homem. O conceito de informação utilizado pela informática não serve para descrever o procedimento de selecção através do qual uma informação se torna eloquente. As informações em que o profissional baseia o seu poder-fazer já foram elaboradas «hermeneuticamente», quer dizer, já foram limitadas ao que devem responder, porque isso é o que se pergunta. Eis um elemento hermenêutico estrutural de toda a investigação. Estes elementos não são, em si mesmos, um conhecimento «prático». Mas tudo isto se modifica na medida em que o conhecimento prático do próprio homem se transforma em objecto da ciência. Nesse caso, já não se trata de uma ciência que escolhe o homem em si mesmo como objecto da sua investigação; tal ciência toma, antes, como objecto o *conhecimento* do homem sobre si mesmo proporcionado pela tradição histórica e cultural. Na Alemanha – seguindo a tradição romântica –, adopta-se, para designar isto, a denominação de «ciências do espírito». Noutras línguas utilizam-se as expressões *humanities*, ou *lettres*, que podem ser mais claras, na medida em que consigam expressar a diferença existente na forma em que o dado na experiência é recolhido em cada lugar. É verdade que nestas ciências o método da investigação científica é, essencialmente, o mesmo que em qualquer outra ciência; mas o seu objecto é outro. Por um lado, está o humano, que se atesta «objectivamente» nas criações culturais da humanidade tais como a economia, o direito, a língua, a arte e a religião; por outro, e em relação com o anterior, está o conhecimento expresso do homem, assente em textos e em testemunhos orais.

O conhecimento assim transmitido não é do mesmo tipo que o das ciências naturais, nem tão-pouco um simples prolongamento que transcende os limites das descobertas científicas. É possível que o investigador científico, ao experimentar uma falta de exactidão, conceba injustamente as *humanities* como um «conhecimento impreciso», cuja verdade é a da vaga noção chamada «compreensão», através da «introspecção». Na realidade, o ensino que recebemos acerca do homem através das ciências do espírito é de natureza totalmente diferente. Aqui se revela a enorme diversidade do humano em toda a sua imponência. A antiga diferenciação teórica entre explicar e compreender ou entre método nomotético e método idiográfico não basta para medir a base metodológica de uma antropologia, pois o que se manifesta nos pormenores concretos e, nessa medida, pertence ao conhecimento histórico não interessa enquanto individual, mas enquanto «humano», apesar de o humano só se tornar visível no acontecimento individual. Tudo o que é «humano» não só se refere ao humano em geral, enquanto peculiaridade do género em comparação com outros tipos de seres vivos – em especial os animais –, mas também abarca o amplo espectro da multiplicidade do ser humano.

Indubitavelmente, em relação com tudo isto existe sempre um determinado conceito da norma no reconhecido ou assumido e, a partir dele, se articula a totalidade das notáveis variações e desvios a respeito do que se espera do homem e do que se encontra de valioso nele. Todas as decisões práticas ou políticas que determinam a acção do homem são normativamente determinadas e produzem, por sua vez, um efeito normativo. Assim se mantém continuamente em acção a mudança histórica. O conhecimento devido aos resultados da investigação desempenha, claro está, um papel importantíssimo. Mas não se trata de uma relação unilateral. As influências recíprocas entre o humano – proporcionado, de uma maneira científica, pela investigação antropológica – e essa escala de valores, controversa e relativa em si mesma, são muitas. Não me refiro apenas a factos tais como o de o investigador nem sempre poder deixar de lado as suas expectativas de valores ou o facto de, muitas vezes, interpretar as suas descobertas sob a pressão de preconceitos desmedidos (não posso deixar de pensar na polémica em torno do darwinismo nas investigações sociais). São falhas que deverão sempre ser superadas com o progresso da investigação. Mas o investigador também nem sempre está livre do prazer inverso, a saber, do que é proporcionado pelo poder de demonstrar a falsidade de certas ideias tradicionais. Isto, apesar de o tornar parcial, também possui um aspecto positivo. Há conhecimentos provenientes da intuição que se adiantam à ciência: por exemplo, as curas praticadas pelo *homo religiosus*, que costumam ensinar algo ao médico, o «saber» do poeta, que costuma adiantar-se ao do psicólogo, do sociólogo, do historiador ou do filósofo. Resumindo, a imagem normativa do homem que – apesar de incompleta e vaga – está no fundo de todo o comportamento social humano não só nunca se deve eliminar por completo da investigação, mas também não se deve eliminar em nenhum outro caso. É ela que transforma a ciência numa experiência do homem. O máximo que pode conseguir a posição científica que tenta criar uma integração dos nossos conhecimentos sobre o homem é unificar ambas as correntes do saber e produzir uma tomada de consciência a respeito dos preconceitos que ambas acarretam. Uma imagem «correcta» do homem é, sobretudo, uma imagem livre de dogmas, e ela é possível graças às ciências naturais, à etologia, à etnologia e a uma variedade de experiências históricas. Finalmente, faltaria um claro perfilamento da norma em que se deveria apoiar a aplicação do conhecimento científico à prática, por exemplo, no sentido da engenharia social (tecnologia social). No entanto, esta é uma medida crítica que liberta a acção humana de valorizações e desvalorizações apressadas e que ajuda a recordar a meta que persegue a marcha da civilização, uma marcha que, entregue a si mesma, se parece cada vez menos com um caminho de promoção da humanidade. Assim, e apenas assim, a ciência do homem estará ao serviço do conhecimento que este pode ter de si mesmo e, por conseguinte, ao serviço da práxis.

Apologia da Arte de Curar

Existe um tratado da época dos Sofistas gregos no qual se defende a arte da medicina contra os seu detractores ([5]). Podemos seguir os vestígios de argumentações semelhantes e, certamente, tal coincidência não se deve a um simples acaso. A arte exercida na medicina é uma arte singular, que não coincide em todos os seus aspectos com o que os Gregos chamavam *techne*, e que nós denominamos umas vezes arte e outras ciência. O conceito de *techne* é uma curiosa criação da mentalidade grega, do espírito da *história*, do livre reconhecimento pensante das coisas e do *logos*, essa disposição para dar conta dos fundamentos de tudo o que o homem considera verdadeiro. Com este conceito e com a sua aplicação à medicina adopta-se a primeira decisão a favor de algo que caracteriza a civilização ocidental. O médico deixa de adoptar a figura do curandeiro, rodeado do mistério dos seus poderes mágicos, para passar a ser um homem de ciência. Aristóteles utiliza

---

([5]) *Die Apologie der Heilkunst* [Apologia da Arte de Curar] (Relatório de uma conferência realizada na Kaiserliche Akademie der Wissenschaften, Viena, 1890).

justamente a medicina como exemplo típico da transformação daquilo que era uma simples acumulação de poder-fazer e de saber numa autêntica ciência. Ainda que, em certos casos isolados, o médico possa estar em inferioridade de condições relativamente ao curandeiro experiente ou à mulher sábia, o seu saber é de uma natureza de todo diferente: é um saber sobre o geral. O médico sabe a razão pela qual uma determinada forma de cura tem êxito. Entende a sua acção, porque persegue a relação entre causa e efeito. Isto soa muito moderno e, no entanto, não se trata de uma aplicação das descobertas das ciências naturais ao objectivo prático da cura, segundo o nosso sentido actual. A oposição entre a ciência pura e a sua aplicação prática, tal como a conhecemos hoje, tem o cunho dos métodos específicos da ciência moderna, da aplicação da matemática aos conhecimentos naturais. O conceito grego de *techne*, pelo contrário, não se refere à aplicação prática de um saber teórico, mas é uma forma própria do conhecimento técnico. A *techne* é o saber que representa um determinado poder-fazer, seguro de si mesmo em relação com uma produção. Não só está ligada, desde o começo, à capacidade de produzir como surgiu com ela. Mas trata-se de uma excelente capacidade de produzir, de uma capacidade que implica o conhecimento das causas. Portanto, desde o princípio, é próprio que dessa capacidade sapiente surja um *ergon*, uma obra que é fruto da actividade de produção. Pois o produzir adquire justamente a sua perfeição, ao criar algo e ao oferecê-lo para ser usado por outros.

Dentro deste conceito de «arte» – que se encontra nos limites do que nós chamamos «ciência» –, é evidente que a arte da medicina ocupa uma posição tão excepcional quanto problemática. No seu caso, não há uma obra produzida pela arte e que seja artística. Também não se pode falar da presença de um material já dado na natureza, do qual seja possível obter algo de novo, ao apresentá-lo sob uma forma artística. A essência da arte de curar consiste antes em poder voltar a produzir o que já foi produzido. Por isso, no saber e no fazer do médico entra em jogo uma capacidade de modificar a situação que é exclusivamente sua, também chamada «arte» neste caso. Poder-se-ia, sem dúvida, afirmar que o médico produz a saúde através da sua arte; mas tal expressão seria inexacta. O que o médico produz, desse modo, não é uma obra, um *ergon*, algo de novo no seu ser, algo que demonstre a sua capacidade. Trata-se antes do restabelecimento da saúde do doente, e não é possível determinar se isto se deve ao êxito do conhecimento e da capacidade do médico. Ser saudável não é estar curado. Por isso, fica em aberto a pergunta de saber em que medida o êxito da cura se deve ao tratamento correcto do médico e em que medida colaborou nele a própria natureza.

É por isso que, desde tempos imemoriais, a arte médica e o seu prestígio estão rodeadas das suas próprias circunstâncias. A importância literalmente vital da arte médica confere ao profissional e à sua pretensão de saber e de poder uma importância especial, sobretudo quando o perigo está presente. Mas este perigo tem a sua contrapartida, em particular quando ele desaparece: a persistência da dúvida sobre a existência e a eficácia da arte de curar. *Tyche* e *techne* mantêm-se aqui numa relação de tensão particularmente antagónica. O que é válido para o caso positivo da cura bem sucedida não perde esse carácter no caso negativo do fracasso. Quem se atreveria a decidir – e sobretudo quando se trata de um leigo – até que ponto se tratou de um possível fracasso da capacidade do médico ou até que ponto foi um destino pré-fixado que produziu o infortunado desenlace do caso? Todavia, a apologia da arte de curar não é só a defesa de uma profissão e de uma arte perante as outras, em particular frente aos incrédulos e aos cépticos, mas antes e sobretudo o auto-exame e a autodefesa do médico perante si mesmo e contra si mesmo, que estão indissoluvelmente vinculados com a singularidade da capacidade médica: o médico é incapaz de demonstrar a sua arte tanto a si mesmo como aos outros.

A particularidade do poder-fazer, que distingue a arte médica nos limites da *techne*, encontra-se, como toda a *techne*, nos limites da natureza. Todo o pensamento da Antiguidade formulou o domínio daquilo que era artificialmente factível, tendo em conta a natureza. Ao entender a *techne* como imitação da natureza, pensava-se sobretudo que a capacidade artística do homem se ocupava em aproveitar e preencher, com as suas próprias formações, o espaço que a natureza deixara livre. Neste sentido, a medicina não é certamente uma imitação da natureza. Nela a ideia principal não é produzir uma formação artificial. O que a arte de curar deve produzir é a saúde, quer dizer, algo que é natural em si mesmo. Eis o que impõe o cunho a esta arte. Ela não é invenção e planificação de algo novo, de algo que não existe sob essa forma e cuja produção se procura, mas antes o princípio, uma espécie de fazer e de conseguir, que não faz nada próprio nem de próprio. O seu saber e a sua capacidade subordinam-se completamente ao curso natural, a procurar restabelecê-lo onde se viu perturbado e a fazê-lo de tal forma que a sua acção desapareça dentro do equilíbrio natural da saúde. O médico não pode distanciar-se da sua obra como qualquer artista pode fazer a respeito da sua. Não pode conservá-la, como faz qualquer artesão e conhecedor, como se ela de certa maneira lhe pertencesse. É verdade que em toda a *techne* o produto final é entregue para o uso que dele possam fazer os outros, mas tal é sempre uma obra própria. A obra do médico, pelo contrário, justamente por se tratar da saúde, deixa por completo de ser sua. Na realidade, nunca o foi. A relação entre a acção e o realizado, entre fazer e aquilo que é feito, entre esforço e êxito, tem uma natureza fundamentalmente distinta, enigmática e duvidosa.

Isto mostra-se na medicina da Antiguidade, entre outras coisas, porque nela a antiquíssima tentação de demonstrar a própria capacidade só quando se entrevêem possibilidades de êxito deve ser expressamente superada. Até o doente incurável, caso em que não se pode contar com um êxito de cura espectacular, se deve transformar em objecto de preocupação médica, pelo menos quando existe uma consciência profissional médica madura, que anda a par com a compreensão filosófica da essência do *logos*. Evidentemente, neste sentido mais profundo, a *techne* de que aqui se trata está tão unida ao curso da natureza que pode dar o seu contributo tanto à totalidade desse curso como a cada uma das suas fases.

Na ciência médica moderna é também possível reconhecer todas estas determinações. E, no entanto, algo mudou fundamentalmente. A natureza que é objecto das ciências naturais modernas não é a natureza em cuja grande moldura a actividade médica, como toda a actividade artificial do ser humano, se encaixa. A peculiaridade das ciências naturais modernas consiste em entender o seu próprio saber como um poder-fazer. A compreensão matemático-quantitativa das leis do acontecer natural está orientada para um isolamento das relações de causa e efeito, isolamento esse que permite à acção humana dispor de possibilidades de intervenção exacta e precisamente mensuráveis. Deste modo, o conceito de técnica associado ao pensamento científico actual tem ao seu alcance um número crescente de possibilidades específicas na área dos procedimentos médicos e na da ciência médica. O poder-fazer, por assim dizer, emancipa-se. Permite dispor de cursos parciais de acção e é uma aplicação de um conhecimento teórico. Mas, como tal, já não é um curar, mas um produzir (fazer). Leva ao extremo, numa área de importância vital, a divisão do trabalho própria de todas as formas de actividade social do homem. A fusão do saber e do poder, anteriormente diferenciada na unidade prática de tratamento e cura, não surge da própria força com que o saber e o poder foram metodicamente cultivados na ciência moderna. Trata-se, sim, de uma antiga sabedoria que se transformou num símbolo para todo o Ocidente europeu, primeiro, encarnada na mitológica figura de Prometeu e, depois, no *Christus patiens*, a paradoxal exigência que clama «médico, ajuda-te a ti mesmo». Mas o paradoxo da divisão do trabalho na *techne* alcança o seu máximo grau na ciência moderna. A impossibilidade interna de se pôr como objecto para si mesma só se manifesta completamente na metodologia objectivante da ciência moderna.

Queria interpretar aqui esta relação através do conceito de *equilíbrio* e da experiência que este implica. O conceito de equilíbrio já desempenhava um papel importante nos escritos hipocráticos. De facto, não só a saúde do homem convida à sua comparação com um estado natural de equilíbrio, como também o conceito de equilíbrio se presta particularmente bem ao entendimento da natureza em geral. A descoberta da concepção grega de natureza consistiu em conceber o todo como uma ordem em que os processos naturais se repetem e decorrem dentro de ciclos fixos. Portanto, a natureza é algo que se mantém a si mesma e por si mesma nos seus próprios carris. Tal é o pensamento básico da cosmologia jónica, na qual culminam todas as ideias cosmogónicas: no fim, a grande ordem de compensação do acontecimento alternante determina tudo como uma justiça natural.

Se partirmos desta ideia de natureza, toda a intervenção médica se pode definir como uma tentativa de reinstaurar o equilíbrio alterado. Nisto consiste a verdadeira «obra» da arte médica. Convém, pois, perguntar qual é a diferença entre a reinstauração do equilíbrio e qualquer outro tipo de reinstauração. Trata-se aqui, sem dúvida, de uma experiência de natureza muito particular, que todos conhecemos. A recuperação do equilíbrio, tal como a sua perda, produz-se sob a forma de uma mudança. Não se trata de um processo de transição contínua e perceptível de um estado para outro, mas de uma transformação repentina, muito diferente de qualquer processo de produção habitual, no qual uma pedra se junta a outra, passo a passo, para levar a cabo a modificação planeada. É a vivência de equilíbrio «na qual o que era puro defeito se transforma inexplicavelmente e passa a ser esse vago excesso». Rilke descreve assim a vivência artística do equilíbrio. Segundo esta descrição, o esforço para atingir e manter o equilíbrio revela-se, de repente, no momento em que se obtém absolutamente o contrário do que parecia ser. O que o impedia não era uma falta de força e de utilização dessa força, mas um excesso seu. De chofre, o equilíbrio produz-se como que por si mesmo, facilmente e sem esforço.

Com efeito, esta experiência repete-se de cada vez que se restabelece um equilíbrio. Por outras palavras, quem trabalha no restabelecimento do equilíbrio vive a experiência de se sentir repelido por esse algo que se mantém por si mesmo e que é auto-suficiente. Na acção do médico, é isso que constitui a verdadeira forma do seu êxito: trata-se de um excluir-se a si mesmo e tornar-se dispensável. E o facto de que, na recuperação do equilíbrio, a acção do médico atinja a sua perfeição através da auto-exclusão é algo que se tem em conta desde o começo de todo o esforço. Assim como na experiência do equilíbrio o esforço se centra, paradoxalmente, em soltar-se para permitir que o equilíbrio se imponha por si mesmo, também o esforço médico procura que a natureza se imponha por si mesma. O horizonte de toda a acção do médico é determinado pelo facto de a oscilação de uma determinada situação de equilíbrio se distinguir sempre, qualitativamente, da perda definitiva desse equilíbrio, na qual tudo se desloca.

A consequência disto não é, na realidade, o estabelecimento de um equilíbrio, quer dizer, a construção a partir da base de uma nova situação de equilíbrio, mas antes e sempre um captar o equilíbrio oscilante. Toda a perturbação deste último, toda a doença, se apoia em factores imprevisíveis, presentes no que ainda resta de equilíbrio. É por isso que a intervenção do médico não se pode olhar efectivamente como um fazer ou um produzir algo, mas antes de mais como um reforço dos factores que determinam o equilíbrio. Tal intervenção tem sempre um duplo aspecto: o de constituir ela própria um factor de perturbação ou o de introduzir um efeito especificamente curativo no jogo de factores que estão a balançar. O facto de a arte médica ter de contar sempre com a transformação do excesso em defeito, ou melhor do defeito em excesso, e ao mesmo tempo antecipá-la, parece-me um elemento essencial desta arte.

Nos escritos da Antiguidade clássica sobre a arte de curar encontra-se o belo exemplo da utilização da serra. Quando um puxa por um dos extremos da serra, quem empunha o outro deixa-se arrastar, e a perfeita utilização do instrumento forma um círculo gestáltico (Weizsäcker) em que os movimentos de ambos os serradores se fundem num único fluxo rítmico. Há uma frase definidora que sugere o carácter maravilhoso dessa experiência de equilíbrio: «Se empregar a força, pode arruinar tudo.» Não há dúvida de que a validade desta afirmação não se limita à arte de curar. Todos os que possuem uma certa mestria na produção de algo podem confirmá-lo. A mão leve do mestre parece não fazer esforço na sua acção, precisamente onde a do aprendiz produz uma impressão de força. Tudo o que se faz com conhecimento tem algo da experiência do equilíbrio. Mas no caso da arte da medicina, impõe-se algo peculiar: não se trata apenas do perfeito domínio de um poder, demonstrado pelo êxito do trabalho. Daí a especial cautela com que o médico respeita aquilo que subsiste de equilíbrio, apesar da perturbação, para também ele próprio participar no equilíbrio natural, como o homem da serra.

Se relacionarmos esta experiência básica com a situação da ciência moderna e da medicina científica, notar-se-á claramente a agudização desta problemática. As ciências naturais modernas não são, em primeiro lugar, ciências da natureza, no sentido de um todo que se equilibra por si mesmo. Não se baseiam na experiência da vida, mas na experiência do fazer; também não se baseiam na experiência do equilíbrio, mas na da construção planificada. Estão muito para além do domínio de validade da ciência especial, cuja essência é mecânica, *mechané*, quer dizer, uma contribuição inteligente de efeitos que não se apresentam por si mesmos. Originariamente, a palavra mecânica qualificava o carácter engenhoso de um invento que a todos surpreendia. A ciência moderna, que torna possível a aplicação técnica, não se concebe a si mesma como um complemento dos vazios que a natureza deixa, nem como uma inserção nos acontecimentos naturais, mas como um saber da reelaboração da natureza em mundo humano; mais, a eliminação do natural através de uma construção racionalmente dominada é que é decisiva. Enquanto ciência, faz com que os processos naturais se tornem calculáveis e domináveis de modo que, em última instância, é capaz de *substituir* o natural pelo artificial. Tal é da sua própria essência. Só assim se torna possível a aplicação da matemática e dos métodos quantitativos à ciência natural, pois o seu saber é uma construção. Ora bem, estas reflexões demonstraram que a situação da arte de curar permanece indissoluvelmente ligada ao conceito de natureza próprio da Antiguidade. Entre as ciências naturais, a medicina é a única que nunca se poderá interpretar como uma técnica, uma vez que experimenta sempre o seu próprio poder unicamente como uma recuperação da ordem natural. Por isso, representa, dentro das ciências modernas, uma unidade peculiar do conhecimento teórico e do saber prático, uma unidade que de nenhum modo se pode interpretar como uma aplicação da ciência à prática. É uma espécie própria e particular de ciência prática, cujo conceito se perdeu no pensamento moderno.

À luz destas considerações, adquire especial relevo uma bela e muito discutida passagem do *Fedro* ([6]) de Platão, na medida em que ilumina a situação do médico que domina esta «ciência». Platão refere-se, nessa passagem, à autêntica arte da retórica e estabelece um paralelo entre esta e a arte de curar. Quando se quer proceder não só com base na rotina e na experiência, mas também com base no conhecimento real, em ambas as artes é necessário entender a natureza: num caso, a

---

([6]) *Fedro*, 270b ss.

da mente e, no outro, a do corpo. Assim como é necessário saber que medicamentos e que alimentação é preciso proporcionar ao corpo para lhe dar saúde e forças, também é necessário saber que discursos e que disposições legais é necessário dar à alma para conseguir a verdadeira convicção e o autêntico ser (*aretê*). E Sócrates pergunta ao seu jovem amigo, deslumbrado pela retórica: «Crês tu que se pode entender a natureza da alma, sem entender a natureza do todo?» [7] Ao que o outro responde: «A acreditar em Hipócrates, ou Asclépio, sem tal proceder nem sequer se chega a entender nada acerca do corpo». [8] É evidente que ambas as determinações «a natureza do todo» e «esse proceder» (a saber, o de dividir a natureza) se correspondem. A verdadeira retórica artística, desafiada aqui por Sócrates, assemelha-se à verdadeira arte de curar porque deve conhecer a essência multiforme da alma em que quer implantar as convicções, como a variedade dos discursos que se adaptam a cada estado da alma. É esta a analogia que se extrai da visão da acção e do poder médicos. A verdadeira arte de curar, que abarca tanto o autêntico conhecimento como o poder, requer, pois, conhecer separadamente qual é o estado do organismo a cada passo e o que é proveitoso nesse estado.

Werner Jaeger recusou, com razão, a interpretação segundo a qual, nesta passagem, se reclamaria uma medicina especial, baseada numa filosofia da natureza cheia de ideias cosmológicas gerais. Pelo contrário, o procedimento de que aqui se trata é o método da divisão e da observação diferenciada, que une os fenómenos da doença na unidade de um quadro patológico específico e, a partir deste, possibilita a implementação de um tratamento com uma orientação determinada. Como se sabe, o conceito de *eidos*, que conhecemos através da teoria das Ideias de Platão, foi utilizado primeiramente dentro da ciência médica. Surge em Tucídides na descrição de

---

[7] *Fedro*, 270c.
[8] *Idem*.

uma doença, quando ele traça o quadro patológico da célebre peste que afectou Atenas no início da Guerra do Peloponeso e da qual foi vítima o próprio Péricles. A ciência médica, na sua investigação, continua submetida às mesmas exigências até ao dia de hoje. O método da divisão a que se fez referência nada tem a ver com uma divisão escolástica dos conceitos. Dividir não significa desprender uma parte da unidade de um todo. Sócrates combate qualquer isolamento dos sintomas e, precisamente por isso, reclama a autêntica ciência. Inclusive, para lá daquilo que a moderna ciência médica reconhece como seu fundamento metodológico. A natureza do todo de que aqui se fala não diz apenas respeito ao todo único do organismo. A medicina grega é rica em exemplos acerca de como a situação meteorológica e a estação do ano, a temperatura, a água e a alimentação – numa palavra, todos os factores climáticos e ambientais – intervêm concretamente naquilo que se pretende reparar. O contexto em que se encontra a parte submetida a tratamento permite extrair uma conclusão adicional. A natureza do todo abarca a globalidade da situação vital do paciente e até do médico. A medicina é comparada com a verdadeira retórica, que deve fazer actuar sobre a alma os discursos certos e na forma certa. Trata-se de uma maneira de apresentar muito irónica. Com toda a certeza, Platão não sonhava com a existência de uma arte da direcção espiritual retórica que aplicasse determinados discursos a determinados objectivos para deles tirar proveito. O que quis, sem dúvida, dizer foi que devem usar-se os discursos apropriados, e que apenas pode conhecer os discursos apropriados quem reconheceu a verdade. De modo que apenas poderá ser um orador correcto quem for um verdadeiro dialéctico e um filósofo. Isto coloca a arte de curar, para usar um termo de comparação, sob uma luz extremamente interessante. Assim como a aparente tarefa especial da retórica se estende à totalidade da atitude filosófica vital, também é provável que tal aconteça com os remédios e os tratamentos que a medicina fornece para curar o corpo humano. O paralelo entre a retórica e a arte de curar também é acertado de outro ponto de vista: a condição em que se encontra o seu corpo afecta a condição do homem na sua totalidade. A sua posição na totalidade do ser é – não apenas no sentido da saúde, mas também num sentido mais amplo – equilibrada. A doença, a perda do equilíbrio não é apenas um facto médico-biológico, mas também um processo relacionado com a história da vida do indivíduo e com a sociedade. O doente deixa de ser o mesmo que era antes. Singulariza-se e desprende-se da sua situação vital. No entanto, permanece ligado a ela na sua esperança de um regresso, como acontece com todo aquele que perdeu algo. Se a recuperação do equilíbrio natural ocorrer com êxito, o maravilhoso processo de restabelecimento devolve também ao convalescente o equilíbrio vital no qual previamente se sentia ele mesmo. Não deve, por isso, surpreender que, por sua vez, a perda de equilíbrio ponha, ao mesmo tempo, em perigo o outro equilíbrio. Mais, que no fundo apenas se trata de um único grande equilíbrio no qual se mantém a vida humana, que determina o seu estado e em torno do qual esta oscila.

Neste sentido, é válido o que Platão sugere: que o médico, como o verdadeiro orador, deve ver a totalidade da natureza. Assim como o orador deve encontrar, através de uma autêntica compreensão, a palavra adequada para orientar o outro, o médico, se quer ser um verdadeiro médico, também deve ver para lá do que constitui o objecto imediato do seu saber e do seu poder. Por isso, a sua situação ocupa um ponto intermédio – difícil de manter – entre um profissionalismo desligado do humano e uma aposta pessoal no humano. Para manter a sua situação como médico, precisa de confiança e, ao mesmo tempo, necessita de saber limitar o seu poder como profissional. Deve poder ver para além do «caso» a tratar, a fim de captar o homem na totalidade da sua situação vital. Deve igualmente incluir nas suas reflexões a sua própria acção e os efeitos que esta produz no paciente, uma vez que tem de evitar que o paciente dependa dele, assim como também não deve prescrever – sem necessidade – condições de vida («dieta») que impeçam a recuperação do seu equilíbrio vital.

O que se sabe acerca da relação do doente mental com o seu médico – e que é parte da tarefa do psicoterapeuta – tem, na realidade, uma validade geral. A arte da medicina atinge a sua perfeição quando se dobra sobre si mesma e deixa o outro em liberdade. Também neste aspecto a arte médica se destaca no conjunto das artes humanas. O facto de a obra produzida por uma determinada arte se desprender do seu ponto de origem e ficar entregue ao seu livre uso representa uma limitação que deve ser aceite por todo aquele que exerça uma certa arte ou poder. Mas, no caso do médico, isso transforma-se numa autêntica autolimitação, pois o que ele produz não é simplesmente uma obra: é vida, que lhe foi confiada e da qual mais tarde retira a sua protecção. A isto corresponde uma situação especial do paciente. O indivíduo curado, ao qual se devolveu a própria vida, começa a esquecer a doença, mas continua ligado ao médico de uma maneira ou de outra (em geral, inominada).

Acerca do Problema da Inteligência

Os problemas da ciência interessam ao filósofo num sentido curiosamente invertido. Isto aplica-se também ao problema da inteligência. Enquanto o médico ou o psicólogo utilizam o conceito de inteligência de um modo que os fenómenos por ele descritos adquirem um sentido claro e unívoco, o filósofo, pelo contrário, interroga-se acerca da natureza do conceito de inteligência como tal e procura conhecer a experiência prévia do mundo que semelhante conceito articula e em si mesmo encerra. O facto de o conceito de inteligência se referir a um problema de realização, de ele expressar uma capacidade não determinada por aquilo que se é capaz de fazer, quer dizer, não definida pelo comportamento do indivíduo a respeito de determinados conteúdos do pensamento, pode bastar para a linguagem científica ou para a da vida quotidiana. Pois na linguagem viva nunca existem palavras autónomas, que não recebam, pelo menos, parte do seu significado da sua vizinhança com outras palavras. Se, na nossa linguagem corrente, procurarmos os termos associados ao conceito de inteligência – por exemplo, perspicácia, rapidez de compreensão, inteligência em geral e discernimento –, comprova-se que estes termos partilham como conceito de inteligência um sentido estrutural formal, Todavia, não coincidem totalmente com ele. Por isso, a primeira pergunta que o filósofo formula é se o cunho de um conceito de inteligência tão formal não encerra já, em si mesmo, uma decisão prévia, para não dizer um preconceito.

Um conhecimento histórico talvez esclareça a legitimidade deste questionamento. Parece que o significado da palavra «inteligência», tal como se conhece, é relativamente novo. Originalmente, a palavra clássica latina ocupava um lugar de todo diverso na linguagem da filosofia e também na da psicologia, determinado pela primeira. A *intelligentia* é a forma mais elevada do conhecimento, superior ainda à *ratio*, ou seja, ao uso compreensivo dos nossos conceitos e meios de pensamento. A palavra *intelligentia* é o equivalente ao conceito grego de *nous*, que em geral traduzimos – não com demasiada infidelidade – por «razão» ou «espírito». *Nous* refere-se, sobretudo, à faculdade de reconhecer os princípios superiores. Entretanto, produziu-se uma cesura entre esta pré-história da palavra *intelligentia* e a linguagem que actualmente nos é habitual. Não é fácil determinar com precisão o corte estabelecido. O nosso actual conceito de inteligência ainda não aparece na psicologia filosófica do século XVIII. Mas a linguagem corrente adiantou-se, em certa medida, à cunhagem deste novo conceito de inteligência, como demonstra sobretudo o adjectivo francês *intelligent* (já aplicado no século XV). Todavia, a nova forma do conceito tem um grande alcance e demonstra até que ponto os conceitos contêm decisões prévias. O facto de no século XVII *intelligence* deixar de ser a faculdade de conhecer os princípios e passar a significar a capacidade geral de conhecer os objectos, os factos, as relações, etc., coloca o homem, fundamentalmente, ao nível dos animais inteligentes [9]. Evidentemente, foi o Iluminismo que, imbuído de um ideal

---

[9] Cf. Monet, *Facilité à comprendre et à juger chez l'homme et les animaux.*

pragmático, despojou o conceito de inteligência de qualquer relação com os «princípios» e o aplicou com um sentido puramente instrumental, juntando-se à evolução da linguagem em direcção ao pragmatismo para evitar as consequências extremas do cartesianismo, que reservava a autoconsciência para o homem e concebia os animais como máquinas. Como vemos, o conceito actual de inteligência recebeu o seu carácter formal de uma determinada interrogação que, de modo algum, coincide exactamente com o sentido original da palavra latina *intelligentia*.

Esta hipótese fica ainda mais reforçada se retrocedermos ao campo de formação de conceitos da filosofia grega e nos perguntarmos a que corresponde, na realidade, o nosso conceito de «inteligência». Pode afirmar-se que não existe aí um verdadeiro equivalente de tal conceito. Na língua grega do período clássico – e até do período homérico – há, decerto, equivalentes linguísticos que permitem caracterizar um indivíduo como «inteligente» (por exemplo, o engenhoso e inventivo Ulisses), ou palavras que indicam bom-senso (por exemplo, *synesis*). Mas os filósofos gregos não desenvolveram um conceito formal de inteligência. Não valerá a pena ter isto em conta? Observemos como comparavam (problema este que continua a inquietar-nos) o comportamento dos animais – governado pelo instinto e, no entanto, aparentemente «inteligente» – com o comportamento inteligente do homem. É muito significativo que o conceito utilizado ao estabelecer esta comparação, *phronesis*, apresente um conteúdo que tem um sentido diferente na área humana da filosofia moral. Aristóteles, por exemplo, afirma que determinados animais também têm, evidentemente, *phronesis* – e pensa sobretudo nas abelhas, nas formigas, nos animais que acumulam para o Inverno e que, portanto, de um ponto de vista humano, conhecem a previsão, o que implica ter um sentido do tempo. Sentido do tempo – eis algo de extraordinário, pois não só significa uma elevação do conhecimento, a previsão, como também um estatuto fundamentalmente diferente: a possibilidade de se deter, antes de perseguir um objectivo imediato, para se entregar a outra meta mais remota e mais fixa.

Ora bem, o conceito de *phronesis* assim aplicado ao comportamento animal, por analogia com o comportamento do homem, adquire – precisamente através de Aristóteles – uma clara definição na área antropológica e moral, que nos dá que pensar. Aristóteles pareceria ajustar-se exactamente à linguagem corrente, à razão sedimentada que existe em toda a linguagem, quando entende por *phronesis* não só o inteligente e habilidoso encontrar dos meios para realizar certas tarefas, não apenas o sentido prático para atingir determinados fins, mas também a capacidade de determinar esses fins e a responsabilidade por eles. O conceito adquire assim precisão quanto ao seu conteúdo, e é isso que aqui nos interessa. Ou seja, este conceito não só inclui um simples poder formal, como também contém a determinação desse poder e a sua aplicação. Aristóteles expressa-o assim, ao comparar a «phronesis» com a *deinotes*, quer dizer, ao contrapor a atitude exemplar que a *phronesis* implica, como forma natural, à desconcertante habilidade de dominar qualquer situação possível – o que não é, de maneira alguma, algo decididamente positivo. Quem possui esta qualidade é, como nós dizemos, capaz de qualquer coisa e quando age sem fundamento e sem um sentido de responsabilidade, pode extrair de cada situação um aspecto praticável e sair airoso (em política, o oportunista sem princípios, na vida económica, aquele que se aproveita da conjuntura e não é de fiar, na área social, o vigarista, etc.). O conceito de inteligência aparecia, pois, ainda ligado ao ser humano na sua totalidade, à sua *humanitas*. Mas, à semelhança do que sucedeu com o conceito tão familiar de senso-comum, também ele perdeu uma dimensão essencial no pensamento moderno. Em geral, não pensamos que o senso-comum possa ser mais do que uma capacidade formal (estar dotado de uma determinada capacidade) e, no entanto, uma investigação mais demorada deste conceito revela-nos uma cunhagem muito diferente. Mostra a sua correspondência com o conceito de *bon sens*, em francês, e em última instância com o de *sensus communis*, o sentido comum a todos. E pode demonstrar-se que o *sensus communis*, esse sentido geral, não é apenas – na realidade – uma livre aplicação dos nossos dotes mentais, mas que implica sempre e ao mesmo tempo uma determinação do conteúdo ([10]). O «sensus communis» é o sentido comum não só como a *facultas dijudicativa* que elabora os testemunhos fornecidos pelos diferentes sentidos, mas define, acima de tudo, o sentido social, o sentido de cidadania, que contém determinados requisitos incontestados quanto ao seu conteúdo – comuns a todos – e que, de maneira alguma, se limita a ser uma capacidade formal de uso da razão.

Isto parece-me importante para as nossas considerações acerca do conceito de inteligência e da sua vinculação original com o de «*intelligentia*». Lá por ser legítima, do ponto de vista científico, a separação do conceito de inteligência de certos deveres de conteúdo, que nos são impostos na nossa qualidade de seres humanos, não é algo evidente nem inquestionável. Se nos interrogarmos sobre o que significa tal separação, devemos pensar que cada conceito desta natureza contém um determinado carácter de convenção social, um determinado sentido normativo socialmente fixado. A sociedade entende-se a si mesma através da vitalidade da sua linguagem e diz algo sobre si mesma quando utiliza determinadas expressões, como, por exemplo, a de «inteligência» no sentido corrente. Sobre que base se entende e que quer dizer? Será possível que a pouca antiguidade do nosso conceito usual de inteligência não passe de um acidente da linguagem?

Não quero com isto repetir a conhecida crítica à chamada psicologia das faculdades. A psicologia clássica do

---

([10]) Cf., *Wahrheit und Methode*, págs. 16-27. *Obras Completas*, vol. 1, págs. 24-35.

século XVIII articulou, decerto, através do conceito de faculdade, uma determinada concepção fundamental do homem e das suas capacidades, e a decomposição deste equipamento das faculdades da alma foi um dos progressos mais indiscutíveis que se produziram no conhecimento do ser humano. A «inteligência», tal como se conhece na linguagem actual, não é certamente uma faculdade no sentido da psicologia clássica atrás mencionada. Isto significa que, na linguagem actual, a «inteligência» não é, na realidade, uma das funções ou formas de actividade da alma humana, que pode ser posta em jogo ou fora de jogo, juntamente com outras funções, como, por exemplo, as dos sentidos. A inteligência está presente em todo o comportamento humano ou, por outras palavras, em todo o comportamento inteligente está presente o homem na sua totalidade. É uma possibilidade da vida em que o homem se introduziu, e é tão decisiva para a sua humanidade que lhe é impossível distanciar-se a seu respeito, utilizá-la ou deixar de fazê-lo, pô-la em jogo ou excluí-la do jogo.

Mas mesmo que se admita tudo isto, a cunhagem do conceito de «inteligência» no seu sentido actual poderia reter algum traço ou elemento da antiga etapa já superada da psicologia das faculdades. Quero com isto dizer o seguinte: o facto de a inteligência ser um conceito formal de realização, como hoje se nos afigura, converte-a – em certo sentido – num instrumento, pois a essência do instrumento não reside em ser algo por si só, mas em ser apto para múltiplos usos e em poder ser utilizado de acordo com eles. Pode tratar-se de um instrumento especial como o que definimos como inteligência, como a nossa faculdade inteligente, ou como queiramos denominá-lo. A inteligência seria um instrumento especial, porque é decididamente universal e não está limitado – como os restantes instrumentos – a um uso específico nem se presta apenas a esse uso específico. Mas não podemos deixar de nos interrogar se o conceito de instrumento, de ferramenta para o uso, que se infiltra necessariamente nos interstícios do nosso actual conceito formal de inteligência, não determinará uma duvidosa concepção do ser humano e um conceito da inteligência não menos duvidoso ([11]).

Todas as nossas reflexões sobre o homem e o animal, ou sobre o homem e a máquina, partilham hoje – quando as comparamos com a ingénua naturalidade com que anteriormente se descrevia a autoconsciência do homem a partir dos conceitos de instinto e de máquina utilitária – desse cepticismo, iniludível desde Nietzsche, a propósito de qualquer afirmação sobre a autoconsciência. Assim como Descartes via na autoconsciência o *fundamentum inconcussum* de toda a certeza, Nietzsche lançou a frase: «É necessário duvidar mais profundamente ([12])». De facto, o conceito de inconsciente abriu toda uma nova dimensão, que apenas confere à autoconsciên-cia uma legitimidade epifenoménica. Mas grande parte da filosofia da época moderna baseou-se na indubitabilidade da autoconsciência. Em especial, o conceito de reflexão, indispensável para a determinação de todos os fenómenos do espírito, apoia-se nesse fundamento. A reflexão, o livre retorno da consciência a si mesma, apresenta-se como o mais elevado acto de liberdade. Nele, o espírito está consigo mesmo, na medida em que se ocupa dos seus próprios conteúdos. É indubitável que esta liberdade a respeito de si mesmo, esta distância primordial, é um dos traços essenciais do ser humano. É verdade também que, de certa maneira, o distanciar-se de si mesmo é a condição fundamental para a orientação linguística no mundo e, nesse sentido, toda a reflexão é, de facto, um acto de liberdade.

Todavia, em vista da crítica à autoconsciência, típica da modernidade, não parece conveniente falar sem reservas de

---

([11]) Entretanto, o progresso no desenvolvimento da *artificial intelligence* confirmou a intenção deste estudo.

([12]) Nietzsche, Friedrich, *Kritische Gesamtausgabe Werke,* vol. VII/3, 40-25; cf. também 40-10, 20.

uma elevação à dimensão do espiritual, como se pudéssemos ascender a tal dimensão por decisão própria e nela pudéssemos mover-nos livremente. Talvez haja muitas formas diferentes de reflexão. Em todo o caso, em toda a capacidade (ou poder) há já reflexão. O conceito de capacidade indica já que não se trata de uma simples aplicação; perante a possibilidade dessa aplicação, implica também ter conhecimento dessa possibilidade. Toda a capacidade autêntica tem consciência de ser dona de aplicar o seu poder-fazer. Já Platão chamou a atenção para esta reflexividade interna presente no conceito de capacidade (*techne*), ao assinalar que cada poder é simultaneamente a faculdade de fazer algo e de fazer o seu contrário [13]. Assim, por exemplo, o indivíduo verdadeiramente capaz de correr é aquele que pode correr tanto com rapidez como com lentidão. O indivíduo verdadeiramente capaz de mentir é aquele que conhece tanto o que é verdadeiro como o que é falso, de modo que está certo de não dizer a verdade por engano, quando o que quer é mentir. Este conceito de capacidade implica uma espécie de distanciação a respeito da execução e, nesta medida, está determinado principalmente pela estrutura, que aqui se denominou reflexividade. Mas será tal reflexão, implícita no «livre poder» da *techne*, o modelo apropriado da reflexividade essencial do ser humano? A verdadeira questão permanece aberta: existe a possibilidade de que o homem, como tal, se eleve e coloque livremente a uma certa distância a respeito de si mesmo? A elevação ao espiritual, a elevação à autoconsciência, fará sair realmente o homem da sua necessária temporalidade?

Nas considerações extremamente apelativas e perspicazes que Zutt [14] expôs acerca do conceito de «demência», esta pergunta agudiza-se quando o autor define as formas

---

[13] Platão, *Cármides,* 166 ss. e, além disso, o meu trabalho «Vorgestalten der Reflexion», *Obras Completas,* vol. 6, pág. 116 ss.
[14] *Der Nervenarzt 35,* N.º 7 (1964).

extremas da demência como uma falta de reconhecimento da doença. A intenção desta afirmação é, sem dúvida, descritiva, mas, no entanto, toca-se aqui num problema fundamental. Que significa o reconhecimento da doença? Trata-se, desde logo, de um facto evidente quando se foca o conceito de doença do ponto de vista do médico e da ciência médica, e quando existe uma coincidência entre o conhecimento do médico e o conhecimento que o paciente de si mesmo tem. Mas, como fenómeno vital, a admissão de uma doença não é uma simples admissão, no sentido de reconhecimento de um verdadeiro estado de coisas. Como toda a admissão, é algo difícil de conseguir e, sobretudo, de se impor face às resistências vivas do paciente. É conhecido o papel que desempenha a recusa de admitir certas doenças do ser humano e, em especial, a função básica que cumpre este ocultamento da doença no ser vivo do homem.

O doente apercebe-se da sua doença porque algo nele não funciona bem. Que informação transmite isso, na realidade, acerca do que nele não funciona bem? O facto de os casos graves de demência serem incompatíveis com a admissão da doença e, sobretudo, de até as suas formas incipientes a ela costumarem fechar-se, deve dar-nos que pensar. Sem dúvida, é uma afirmação inofensiva da ciência que o homem em pleno estado do que ela qualifica como doença – a partir de um determinado conceito de normal-saudável – perdeu a capacidade de se distanciar de si mesmo e de admitir que está doente. Mais ainda, estabelecer determinada doença consiste fundamentalmente na perda dessa distância e é uma comprovação simples da ciência médica. Mas o facto de um caso extremo ser facilmente comprovável não exclui a questão de saber se a falta de capacidade de reflexão, da possibilidade de se distanciar a respeito de si mesmo, representa uma condição necessária de toda a doença mental. Não será possível que a consciência da doença ou a sua ausência signifiquem para o doente, simplesmente, a admissão de que algo se passa?

De facto, em muitas formas concretas da autoconsciência – entre as quais figura, por exemplo, a autocrítica, a crítica da cultura e, finalmente, também a admissão da doença – fica confirmada a necessidade de duvidar, como Nietzsche, das afirmações da consciência. Não se pode dar por assente que a compreensão daquilo que ele é constitua uma livre possibilidade do homem, na qual radica a sua verdadeira essência e à qual este pode ascender a qualquer momento, num gesto de superior distanciação. Não podemos dar isso por assente sem cair num dogmatismo ingénuo. A compreensão e a possibilidade de uma distanciação desta natureza continuam antes ligadas – de uma maneira difícil de descrever – à pessoa encarada na totalidade da sua situação vital. Certamente, o ser humano distingue-se em comparação com todas as admiráveis artes e habilidades das abelhas e dos castores, das formigas e das aranhas – por ter sempre consciência do seu poder e, assim, por possuir a extraordinária faculdade de poder não aplicar essa capacidade adquirida, de «propositadamente» a não aplicar. Quer dizer, o homem possui a liberdade de aplicar ou não as suas artes. No entanto, semelhante liberdade – como, em geral, a distância reflexiva a respeito de si mesmo – é algo de problemático. A sua aplicação não é em si mesma um acto livre, mas um acto motivado, condicionado, que tem móbiles que não se podem administrar com liberdade. De modo que existe apenas uma analogia formal entre essa capacidade e o instrumento que se toma ou se abandona à vontade. Toda a *capacidade* é Ser.

É por isso que a estrutura da reflexividade nem sempre está relacionada com o conceito de objectivação. O próprio eu – do qual o homem tem consciência reflexiva – não é um objecto no mesmo sentido que damos a qualquer outro comportamento objectivo para o qual dirigimos o nosso conhecimento e chamamos objecto. Este último tipo de objecto, ao ser conhecido, perde o seu poder de resistência, é derrotado, fica à nossa disposição. *Natura parendo vincitur.* A reflexividade, pelo contrário, enquanto possibilidade de distanciamento a respeito de nós próprios, não equivale a estar diante de um objecto. Poder-se-ia antes dizer que ela acompanha a consumação de uma vivência. Essa é a nossa verdadeira liberdade, o facto de o «acompanhar» as consumações da vida nos possibilitar uma escolha e uma decisão. Não existe outra liberdade à qual o homem, por livre decisão, possa ascender. O acompanhamento reflexivo de toda a consumação vital, o não enfrentar objectivando, é parte de uma acção que denominamos «inteligente».

Quer isto dizer certamente, e tal é o verdadeiro momento da reflexão, que se interrompe a imediatez do lançar-se para algo, que – para dizê-lo com as palavras de Hegel – inibe a avidez e, justamente por isso, «fixa» a si mesmo como objectivo o fim não alcançado como tal. Até aqui, a consciência é consciência de uma perturbação. A descrição das experiências realizadas com macacos citada por Koehler é uma boa ilustração destas afirmações. A avidez inibida – o afã de alcançar a banana – leva a «meditar», quer dizer, mantém-se o objecto de desejo, mas retrocede-se a outro que não é um objectivo em si mesmo, quer dizer, retrocede-se à escolha. Mas essa «coisa intermédia» não é, na realidade, um objecto de interesse, assim como a própria mão também não se transforma em «objecto» quando não atinge, com um simples esticar-se, o motivo do desejo. O desejo e a meditação, que persegue o objectivo mas ao mesmo tempo se afasta dele, conduzem antes a uma acção que atinge o objectivo e dispensa o meio utilizado. Deste modo, suprime-se a perturbação e volta-se ao objecto de desejo.

Este parece-me o modelo segundo o qual se deve considerar toda a auto-reflexão, em especial a utilizada no reconhecimento da própria doença. Também neste caso não se trata de uma objectivação de si mesmo, através da qual se «determina» a doença. Trata-se, antes de mais, de um estar *«arrojado sobre si mesmo»*, porque nos falta algo, quer dizer, trata-se de uma perturbação que se orienta para ser suprimida, apesar de ser por submissão, sob a supervisão e intervenção do médico. A doença não é, em primeiro lugar, a comprovação que a ciência médica reconhece como doença; é uma experiência do paciente, através da qual este procura livrar-se dessa perturbação, tal como faria a respeito de qualquer outra.

De modo que, em geral, a doença é vivida pelo próprio doente como uma perturbação iniludível. O facto de algo estar mal já pertence ao contexto de equilíbrio, ou seja, concretamente, ao restabelecimento do equilíbrio de qualquer das oscilações que o homem possa experimentar no seu estado. Dentro deste contexto, isto representa a passagem do equilíbrio natural ao equilíbrio perdido. É preciso ter em conta este aspecto de cada vez que o papel desempenhado pela admissão da doença se transforme num problema. Entre as artes que contribuem para o equilíbrio da vida figura o tratar de esquecer ou de entorpecer aquilo que nos perturba, e entre os meios com que conta esta arte de equilibrar encontra-se, justamente, a conduta inteligente, talvez sob a forma desse astuto não querer tomar consciência da doença. Pois a doença – enquanto perda da saúde, da «liberdade» isenta de qualquer perturbação – significa sempre uma espécie de exclusão da «vida». Por isso, a sua admissão representa um problema vital que afecta a pessoa na sua totalidade e que de modo algum é um acto livre da inteligência, que se distanciaria de si mesma, objectivando-se, para se voltar tanto sobre si mesma como sobre a perturbação vivida, objectivando. Dentro deste problema vital inclui-se tudo aquilo que o médico conhece como paciente «difícil», quer dizer, tudo o que é relativo à resistência oposta ao médico e à admissão da própria impotência e indigência. O facto de a submissão à autoridade do médico se tornar difícil pode ser o testemunho de um certo grau de inteligência. Quer se apresente como admissão, quer como resistência em reconhecer a perturbação, a reflexão não é aqui um livre voltar-se sobre si mesmo, mas obedece à pressão da dor, da vontade de viver, da fixação ao trabalho, à profissão, ao prestígio, ou ao que quer que seja.

A intervenção do médico não altera nada de fundamental nesta situação vital que a doença obrigou a admitir. Apenas deve ajudar a recuperar o equilíbrio perdido, e o médico actual sabe, mais do que nunca, que isso não significa apenas fazer desaparecer os defeitos somáticos, mas, e sobretudo, fazer voltar a um ponto de equilíbrio a situação vital de quem nesse momento se encontra à deriva. Por isso, a actuação do médico encerra em si mesma o perigo de poder perturbar ainda mais o equilíbrio do paciente através da ajuda que lhe oferece, não só porque pode efectuar uma intervenção «perigosa», que altere outras condições de equilíbrio, mas sobretudo devido à posição que o doente tem dentro de um campo geral inabarcável de tensões psíquicas e sociais.

Se encararmos a partir daqui a doença mental e o problema do papel nela desempenhado pela inteligência, chegar-se-á à conclusão de que a doença mental, seja ela qual for, consiste numa perda do equilíbrio, mas faz sentido perguntar se tal perda abarca o comportamento inteligente que permite a compreensão e, em caso afirmativo, em que medida o faz. A utilização habitual de que é objecto o conceito de inteligência pode facilmente induzir-nos em erro e levar-nos a esquecer que um «espírito» doente não tem que padecer de uma «perda de inteligência». Por isso, o relatório de Langer sobre o quociente de inteligência particularmente alto dos neuróticos é muito instrutivo. Se definirmos a doença como uma perda do equilíbrio, é facilmente compreensível que a faculdade formal a que chamamos inteligência possa ser independente do «estado psíquico» do doente. Por estado psíquico entendemos, pois, não o estado de uma faculdade formal, mas tudo o que o indivíduo tem na cabeça, as opiniões que defende, a ordem de valores pela qual se rege, as metas essenciais que persegue e que compartilham ou destroem o equilíbrio da sua vida. O facto de existirem quadros patológicos em que a «inteligência» – a capacidade de ter uma distância reflexiva – se extingue pode revelar que o cerne da questão reside mais na desintegração da personalidade do que no desaparecimento de uma faculdade formal. O estado de equilíbrio que se qualifica como saúde mental é, precisamente, um estado da pessoa na sua totalidade – e não apenas de um pacote das suas capacidades – e abarca toda a sua relação com o mundo.

Poder-se-ia, claro está, argumentar que não é por capricho que se fala de doença «mental». Mas que significa, neste caso, «mente»? Não indica, porventura, sempre uma livre relação consigo mesmo, a possibilidade de uma distância a respeito de si próprio, uma pertença à dimensão do mental? Esta questão torna-se cada vez mais urgente, quando se parte do comportamento inteligente dos animais à procura de determinar uma inteligência específica do homem. Pois, sem dúvida alguma, a nossa capacidade de comunicação linguística está estreitamente relacionada com a nossa capacidade mental. Quando se parte da situação vital e do seu domínio, a dimensão do mental pode surgir como uma dimensão diferente: a mente pode apresentar-se, talvez, se não como uma espécie de rival da vida, pelo menos como uma expressão de decomposição da vida em si mesma, que já não segue, sem questionar, os seus caminhos habituais, mas «imagina» um mundo criado por si mesma, um mundo linguisticamente expresso. Nele, a mente vê-se rodeada de possibilidades entre as quais pode fazer a sua escolha. A possibilidade de escolher poder-se-ia interpretar como um meio apropriado e necessário para a obtenção de um determinado fim, a autopreservação, o bem-estar do homem, e a naturalidade da linguagem pareceria testemunhar o mesmo: ela é o mais mental de todos os meios de entendimento. Nesse sentido, também a inteligência seria um «meio» que permite ao homem ir vivendo. A sua doença é, como qualquer outra, uma perda, e varia consoante o grau dessa perda, até alcançar um ponto em que toda a compreensão do seu próprio estado patológico se torna impossível.

Nisto reside, justamente, a sua insuficiência. É, antes, o estado fundamental do homem o que a caracteriza. E se é certo que o homem, por natureza, tende à sua realização, como todos os seres vivos, não experimenta com clareza aquilo em que consiste a realização que se fixa a si mesmo como objectivo. A multiplicidade de possibilidades a partir das quais se interpreta e entre as quais escolhe são interpretações de si mesmo que entram em correspondência com a interpretação do mundo mediante a linguagem falada. Aristóteles procedeu acertadamente ao relacionar o sentido do que é benéfico e do que é prejudicial no homem – que ele denomina ζῷον λόγον ἔχον diferenciá-lo do carácter directo dos desejos do animal – com o sentido de o «correcto» ([15]). A linguagem, que sabe dizer ambas as coisas, não é apenas um meio de entendimento para alcançar qualquer fim, nem está apenas destinada a procurar o benéfico e a evitar o prejudicial, mas começa por fixar os objectivos comuns a todos e por se tornar responsável por eles, pelo que o ser humano adopta, por natureza, uma existência social.

Não há dúvida de que tudo isso implica «distância», mas semelhante mediatez das possibilidades representa, ao mesmo tempo, para o homem, o mais imediato, aquilo em cujo seio este vive. As suas possibilidades humanas não constituem um campo de capacidades objectivamente comprováveis. Pertencem, como o próprio mundo, ao todo com que o homem se deve familiarizar e dentro do qual tem de se acomodar para viver. E essa vida humana está ameaçada pela doença – quer dizer, pela perda do equilíbrio – e, uma vez que se trata de vida humana, a perda de equilíbrio afectará sempre o todo e acarretará a consequente perda do equilíbrio mental. Quando o médico fala de doença «mental», trata-se sempre de uma perda do equilíbrio. Tal significa que o ho-

---

([15]) Cf. o muito citado passo de Aristóteles, *Política* A2, 1253a 13 ss.

mem já não domina as possibilidades que o rodeiam: perdeu a capacidade de auto-equilíbrio mental, não é independente do horizonte de possibilidades que o rodeia, quer porque este contém o estado de equilíbrio no qual se encontra o homem, quer porque o alterou ao perder-se e fixar-se estaticamente em algo único. Nos traços instintivos do mundo animal não se encontram tais riscos. O que, nesse caso, parece ou é inteligente relaciona-se com formas inteligentes de obediência ao instinto, quer dizer, com o comportamento necessário para atingir certos objectivos fixos. A inteligência humana, pelo contrário, relaciona-se com a própria fixação dos objectivos, com a escolha da forma de vida correcta (*bios*). Não se trata de uma simples capacidade de adaptação, de inventiva e de agilidade mental para dominar determinadas tarefas, aspecto no qual um psicopata pode superar o homem «saudável». Há aqui uma aporia metódica específica: apesar de ser sob formas refinadamente dissimuladas, coloca-se o examinando perante tarefas que ele mesmo não escolhe nem reconhece como suas. Por isso, parece-me que tentar determinar o conceito de inteligência humana por analogia com o da inteligência animal representa um empobrecimento fundamental no processo de formação de conceitos.

Porque, dessa maneira, pensa-se a pessoa humana a partir dos constrangimentos do instinto, que são próprios das formas animais de vida. O que revela a presença de «inteligência», nestes casos, é algo diferente daquilo que a revela no homem, cuja ligação ao instinto ficou sufocada por um poderoso processo de institucionalização das formas culturais de vida. A partir dele, a inteligência adquire um significado muito diferente. Inesperadamente, o conceito formal de inteligência transforma a própria pessoa em instrumento, num pacote de faculdades manipuláveis, cuja óptima capacidade para atingir objectivos pré-fixados define o conceito social normativo de inteligência. Por isso, afirmar que «alguém pertence à camada intelectual, à da *intelligentsia*» representa uma qualificação sociopolítica de tal indivíduo: a sua utilidade para fins estatais aos olhos dos funcionários encarregados de planificar e de dirigir. E chegamos assim à surpreendente conclusão de que o que se afirmou acerca da inteligência dos animais não é nenhum suspeito *antropomorfismo*, enquanto as habituais considerações acerca da inteligência do homem, entidade mensurável de acordo com o ideal normativo do quociente intelectual, representam um misterioso e incompreensível *teriomorfismo*.

Parece-me que a importância da psiquiatria consiste em que ela pode rebater estas apresentações a partir da sua experiência com a doença mental. Na doença mental, deixa de se dominar a acomodação ao mundo e a si mesmo que a vida humana significa. Não se trata tanto de nela faltarem determinadas faculdades, mas o que acontece é que se fracassa no cumprimento de uma tarefa permanente, a todos comum: a de manter o equilíbrio entre a nossa *animalitas* e o que consideramos ser a nossa condição humana. Na doença mental, o estado do indivíduo não degenera nem se degrada, simplesmente, em animal-vegetativo. A deformação do equilíbrio em si mesmo continua a ser mental. Como Bilz ([16]) demonstrou com grande clareza, a doença surge estruturalmente como uma excrescência que figura entre as possibilidades da essência humana. Segundo creio, até a perda total da distância a respeito de si mesmo, peculiar a algumas formas de demência, se deve considerar sempre como uma perda do equilíbrio humano. Como toda a perda, também a perda do equilíbrio «mental» é dialéctica e susceptível de recuperação, mas acaba por conduzir à destruição total quando não se consegue recuperar o equilíbrio de forma permanente. De modo que a doença mental – mesmo no caso em que tenha um hipotético carácter definitivo – continua a ser um testemunho de que o homem não é um animal inteligente, mas sim um homem.

([16]) *Der Nervenarzt* 35 (1964).

A Experiência da Morte

Estas considerações não se limitam a propor uma simples mudança na imagem da morte, tal como chegou até nós através de milénios de memória humana, quer na interpretação que dela nos dão as religiões, quer na ordem da vida dos homens. Trata-se aqui de um processo actual muito mais radical e específico, do desaparecimento da imagem da morte na sociedade moderna. Tal é, evidentemente, o que a nossa reflexão exige. Trata-se de um processo que quase poderíamos denominar um novo Iluminismo, mas que agora abarca todos os estratos da população e é o fundamento comum para o domínio da realidade, com a ajuda dos ofuscantes êxitos alcançados pelas ciências naturais modernas e os modernos meios de informação. Ocorreu assim uma desmitologização da morte.

Para sermos mais precisos, seria necessário falar de uma desmitologização da vida e, deste modo, da morte, pois esta é a ordem lógica com que se difunde o novo Iluminismo através da ciência. O facto de a ciência moderna já não considerar a origem da vida no universo como um facto maravilhoso, ou como um jogo incalculável do acaso, possui algo de fascinante. Hoje, podem enunciar-se as causas científicas decisivas que, dentro de um processo evolutivo *grosso modo* já entendido, conduziram ao aparecimento da vida no nosso planeta e a todas as suas restantes evoluções. Por outro lado, também não se pode esquecer que a revolução industrial e as suas consequências técnicas mudaram, de facto, a experiência da morte na vida do homem; para não falarmos já do cortejo fúnebre – desaparecido hoje da cenografia urbana – a cuja passagem toda a gente tirava o chapéu diante da majestade da morte. Mais profunda ainda foi a efectiva anonimização da morte nas clínicas modernas. Com o desaparecimento da representação pública do acontecimento, surge o afastamento do moribundo – e dos seus parentes e amigos – do meio doméstico e familiar. O caso mortal passa a fazer parte de uma empresa técnica de produção industrial. Se considerarmos estas mudanças, comprova-se que morrer se transformou num dos inúmeros processos produtivos da vida económica moderna, apesar de ser de natureza negativa.

Todavia, talvez não haja outra experiência na vida humana que assinale tão claramente os limites impostos ao domínio actual da natureza, com o qual colabora a ciência e a técnica. Os enormes progressos técnicos alcançados na conservação – por vezes artificial – da vida patenteiam justamente o limite absoluto das nossas capacidades. O prolongamento da vida acaba por ser um prolongamento da agonia e um ofuscamento da experiência do eu; e culmina no desaparecimento da experiência da morte. A actual química dos anestésicos tira toda a sensação à pessoa que sofre, ao mesmo tempo que a manutenção artificial das funções vegetativas do organismo transforma o homem numa peça de um processo mecânico. A morte, em si mesma, passa a ser uma decisão do médico encarregado do caso. Tudo isto exclui, simultaneamente, os sobreviventes de qualquer participação e intervenção no acontecimento irreparável. Frequentemente, nem sequer o auxílio espiritual oferecido pelas Igrejas consegue aceder ao moribundo nem aos seus familiares e amigos.

No entanto, a experiência da morte ocupa um lugar central na história da humanidade. Poder-se-ia até afirmar que guia a sua humanização. Até onde a memória humana alcança, comprova-se que enterrar os mortos é um indiscutível sinal distintivo do homem. Já em tempos muito remotos o enterro se cumpria rodeado de infinita solenidade e de fausto, utilizando jóias e objectos de arte, destinados a honrar o morto. Para o leigo, é sempre uma surpresa comprovar que as maravilhas artísticas tão admiradas por todos foram, na realidade, oferendas aos mortos. Neste aspecto, o homem ocupa um lugar único entre todos os seres vivos, tão único como o que lhe confere o domínio da linguagem oral e talvez esta prática remonte, mais do que este último, às suas origens. Em todo o caso, a documentação do culto aos mortos remonta na pré--história muito além da tradição da linguagem.

Não é decerto possível reconstituir o mundo de ideias em que se baseavam os antigos costumes funerários. Mas quaisquer que tenham sido as ideias religiosas sobre a vida e a morte que inspiraram os cultos mortuários nas diferentes fases da nossa pré-história, pode afirmar-se que todos eles possuem algo em comum. Todos testemunham que os homens não podiam nem queriam admitir o não-ser-mais do morto, o seu afastamento, a sua definitiva não-pertença. Reside aqui uma referência irrefutável à relação existente entre o nosso sentimento consciente e autoconsciente de existir e o carácter inexplicável da morte. Para todo o homem é inconcebível o facto de que a consciência humana, capaz de se arrojar ao futuro, um belo dia se extinga. Por conseguinte, tal extinção é inquietante aos olhos dos que a ela assistem. Hans Carossa explica com belas palavras poéticas parte da naturalidade com que se assume a existência humana e o sentimento da própria existência e do seu final. Os versos rezam assim: «Não ouvimos o sussurro de Deus, só o ouvimos quando emudece.»

No que toca ao nosso ilustrado mundo cultural, faz sentido falar de uma repressão da morte. Basta pensar até que ponto os antigos ritos e ordens culturais davam à morte um lugar solene na vida da sociedade, e de que maneira os sobreviventes participavam na vida e na continuação da vida através dos seus hábitos cerimoniais. Algo disso perdurou entre nós até hoje; mas, por exemplo, as carpideiras das antigas culturas – que punham dramaticamente a manifesto a dor de todos – já não são concebíveis nem suportáveis para o actual homem civilizado.

Por outro lado, é necessário entender o recalcamento da morte como uma atitude primordial do homem que este adopta a respeito da sua vida, porque deste modo se limita a obedecer à sabedoria da natureza, que se concentra na decisão de reforçar, de qualquer maneira, a vontade de existir da criatura, quando ameaçada de morte. A força das ilusões com que os doentes graves e os moribundos se apegam à vida expressa isto de uma maneira muito clara. Temos de interrogar-nos sobre o que significa, em geral, saber algo acerca da morte. Existe uma profunda relação entre saber algo acerca da morte, ter consciência da própria finitude – quer dizer, a certeza de que um dia vamos morrer – e o quase impetuoso nada querer saber acerca de tal consciência.

Ésquilo, o poeta trágico grego, expõe – numa profunda interpretação do antiquíssimo mito grego de Prometeu – o problema da morte e da sua importância para a vida do homem. Na tragédia, Prometeu, amigo dos homens, declara que o seu mérito a favor destes não foi tanto constituído pelo facto de lhes ter entregue o fogo e todas as capacidades a ele ligadas quanto em tê-los privado de saber quando chegaria a hora da sua morte. Antes de ele, Prometeu, lhes ter conferido o dom de ignorar o momento da própria morte, os homens teriam levado uma existência miserável e inactiva e teriam habitado nas cavernas, sem poder criar nenhuma das obras da cultura que os distinguem de todos os outros seres vivos.

O sentido profundo desta história é que, nela, o poeta dirige o seu olhar para além do mito da dádiva do fogo e da emergência de todas as habilidades e interpreta a última e mais profunda das motivações humanas como o verdadeiro dom. Supera assim o orgulho cultural do Iluminismo da Antiguidade, sintetizado numa fórmula que Platão põe na boca de Protágoras: «Talento para as artes e o fogo» (ἔντεχνος σοφία σὺν πυρί, *Prot.*, 321d). É a motivação ligada à morte que dá à tragédia de Ésquilo a sua profundidade. O dom consiste em que o vislumbre do futuro que o homem tem confere a este futuro o carácter de um presente tão apreensível que o fim se torna inconcebível. Alguém tem futuro enquanto não sabe que o não tem. A repressão da morte é, portanto, vontade de viver. Neste aspecto, o conhecimento da própria morte está submetido a condições peculiares. Podemos perguntar em que altura da sua vida a criança é capaz de conceber a morte. Não tenho a certeza de que a psicologia moderna forneça uma resposta até certo ponto garantida, que tenha valor para a sociedade esclarecida do nosso círculo cultural. É possível que parte da relação interna entre a vida e a repressão da morte, a que aludimos, consista na certeza de que o fim da própria existência permanece oculto, apesar de se ir afirmando lentamente em todo o ser em desenvolvimento como um conhecimento interno muito profundo. E mesmo nos casos em que o claro conhecimento da proximidade da morte se faz sentir e já não permite o seu ocultamento, a determinação de viver e o afã de futuro são tão fortes em certos indivíduos que nem sequer lhes permitem decidir-se a encarar as formas legais da sua última vontade. Outros, por sua vez, tratam das disposições legais que fixam a sua última vontade quase como uma confirmação da própria vida e do ainda-estar-aqui.

Pode então afirmar-se que o moderno mundo civilizado procura, com veemência, levar à perfeição institucional a tendência para a repressão da morte, que tem as suas raízes na própria vida. Por isso, desloca por completo a experiência da própria morte ao ponto de marginalizá-la da vida pública. O facto de esta tendência da civilização deparar ainda com uma firme resistência é um fenómeno surpreendente. Não se trata apenas de que os laços religiosos – que subsistem nas formas de enterro e de culto aos mortos – revivem, muitas vezes, num caso mortal. Noutras culturas em que a violência do Iluminismo moderno só com lentidão se impõe, isto é muito mais notório, sobretudo quando se tem em conta que a tradição religiosa legou a estas culturas formas muito mais ricas. Mas até na era de um ateísmo de massas em expansão os sectores não crentes e de todo secularizados conservam estas formas de cultura. É o que acontece tanto no caso das festas da vida – o baptismo e o casamento cristãos – como no das festas da morte: o enterro cristão e as comemorações. Até nos países ateus se admitem os ritos cristãos ou de outras religiões, juntamente com as honras fúnebres de carácter político e secular. Embora se possa considerar apenas como uma concessão passageira, semelhante fenómeno continua a ser muito apelativo. Em primeiro lugar, verifica-se nas sociedades secularizadas do chamado mundo livre. Em toda a parte, a repressão da morte mostra a sua outra face: o medo face ao seu mistério na consciência do indivíduo vivo; o estremecimento perante a sua sacralidade e a inquietude que provoca o silêncio ou a ausência definitiva de alguém que até há pouco ainda estava vivo. Em especial, a unidade genealógica da família pareceria defender uma força vital religiosa muito enraizada. Em algumas culturas – por exemplo no Japão ou na Roma antiga – o culto dos antepassados possuía uma função religiosa quase determinante. Mas também no âmbito da cristandade ocidental a homenagem aos mortos conserva um lugar firme e acaba por abarcar uma série de gerações de mortos, recordados e honrados. Esta estrutura cristã – ou de qualquer outra religião – contrasta com a própria ordem de vida de quem a mantém. No nosso mundo ocidental, podem adoptar-se hoje formas seculares mais racionais, como, por exemplo, a «cedência» dos túmulos nos nossos cemitérios. Mas até nessas transacções burocráticas se manifesta um pouco o reconhecimento da peculiaridade do culto aos mortos. Podemos ilustrar isto através de um exemplo. Uma experiência antiquíssima, a qual, para lá de todas as ideias religiosas de transcendência, conserva até hoje a sua força vital, é a de que o adeus definitivo que a morte exige aos sobreviventes provoca, por sua vez, na consciência e na memória deles, uma transformação da imagem do desaparecido. Já só se pode dizer coisas boas sòbre o morto. Quase se trata de um preceito tácito. É uma necessidade quase insaciável não só de reter na memória a imagem transformada do morto, mas também de acentuar os seus aspectos produtivos, positivos, e até de o converter num ideal e de lhe outorgar, enquanto ideal, o carácter de inalterável. É quase impossível estabelecer porque é que, com o adeus definitivo, se sente uma espécie de presença diferente do defunto.

Estas formas secularizadas da recordação permitem entender os profundos estímulos que estão por trás da ideia religiosa do «além», bem como – e não em último lugar – a necessidade de crer na imortalidade da alma e no reencontro no outro mundo. Esta ideia cristã – que surge com variantes em muitos cultos pagãos – manifesta de maneira eloquente até que ponto a essência do homem procura superar a morte. O que para os espíritos crentes é uma certeza inabalável, para outros é talvez mais uma saudade melancólica – mas nunca é tratada como uma ninharia. Parece que a repressão da morte, que é parte da vida, tem de ser compensada pelos sobreviventes de uma maneira natural. A fé religiosa e a pura secularidade põem-se de acordo em honrar a majestade da morte. As propostas do Iluminismo científico chocam contra limites insuperáveis diante do mistério da vida e da morte. Mais, perante estes limites manifesta-se uma autêntica solidariedade dos homens entre si, pois todos defendem o mistério como tal. Aquele que vive não pode aceitar a morte. Mas quem vive vê--se obrigado a aceitar a morte. Todos transitamos pela fronteira entre o aqui e o «além».

Será necessário esperar que uma experiência-limite como esta, para além da qual apenas os discursos religiosos permitem olhar, deixe um maior espaço ao pensamento filosófico, com as suas perguntas, motivos e passas racionais. Mas, sobretudo, será preciso esperar até que a filosofia possa pensar o homem face à morte sem manter o olhar fixo no «além» religioso (quer se trate da salvação quer da condenação). Isto significa, do ponto de vista do que entre nós se define como filosofia, que, para ela, o problema se levanta apenas a partir da perspectiva do paganismo grego ou do monoteísmo judeo-cristão-muçulmano.

Neste sentido, o pensamento grego teve de se interrogar: se a união inseparável entre a vida e a morte e a sua mútua exclusão carregam com todo o peso da realidade, como podemos pensar no divino? Como o imortal, como todos os imortais, os deuses devem representar, ao mesmo tempo, o supremo no supremo sentido da vida. Isto conduz o pensamento a estabelecer, no próprio ser vivo, uma distinção entre o que não morre e o que está submetido à morte. A alma considera-se imortal e partilha a sua essência com os deuses, com os imortais, na sua determinação comum: *athanatos*. O primeiro pensador grego que encarou com audácia a união interna não só da vida e da morte, mas também dos imortais e dos mortais, foi talvez Heraclito, em alguns dos seus aforismos. Um deles diz: «Mortais imortais, imortais mortais – vivos nesse morrer, nesse viver mortos.» (Frag. 62) Seja qual for a solução que se dê a este enigma, não é possível chegar a ela prescindindo da psique, da alma, na qual se funde aquilo que é mutuamente exclusivo,

Esta é a consequência que o *Fédon* de Platão apresenta através do diálogo mantido por Sócrates – já condenado à morte – com o seu amigo, no dia ao fim do qual deverá beber o seu cálice de veneno. A serenidade religiosa com que Sócrates examina e recusa aqui todos os argumentos contra a imortalidade da alma é a máxima consolação que a criança que há em nós, descontente com todos os argumentos, encontrou no mundo da Antiguidade. Sócrates, às portas da morte, converte-se no exemplo de todas as gerações vindouras. Eu apenas evoco o sábio estóico e a sua impassibilidade perante a morte, ante a qual se mostra como aquele que é livre. Até no suicídio – que não lhe estava proibido – se manifesta a sua livre decisão, uma vez que, do ponto de vista religioso, só era permitida a morte por jejum ou por um lento esvair-se em sangue em pleno estado de consciência. Conhece-se igualmente o exemplo de Epicuro, que combate o medo da morte com diferentes argumentos e, ao mesmo tempo, eleva assim a arte de viver à perfeição. Como humanista e como filho do Iluminismo moderno, Lessing sublinha – num conhecido tratado – o facto de que na Antiguidade se ter imaginado e representado a morte como irmã do sono e não como o horripilante esqueleto da Idade Média cristã.

Mas hoje, precisamente, vivemos todos sob as condições impostas pelo Iluminismo moderno e, por isso, nos é negada a possibilidade de inclusão nos belos mundos consoladores descritos por Lessing. A dureza e o rigor do Iluminismo moderno devem-se à sua origem: uma ciência que se desenvolveu a partir da modificação da Antiguidade pagã empreendida pelo cristianismo. A transcendência de Deus obrigou o conhecimento humano a autocertificar-se, acabando assim por se transformar também a tarefa do conhecimento. Um novo afã de medição, um novo ideal de construção racional, fundou um novo império. Este império é regido pelo ideal do saber de dominação, que – sob a forma de investigação – vai deslocando permanentemente os limites do dominável. Mas se é verdade que o Iluminismo científico – tal como o do mundo antigo – encontra os seus limites na incapacidade de conceber a morte, também é certo que o horizonte dentro qual se pode mover o pensamento acerca do enigma da morte é traçado pelas doutrinas da salvação; quer dizer, entre nós, pela doutrina cristã em todas as suas variantes, consoante as Igrejas e as seitas. Para o pensamento discursivo deve ser tão incompreensível como esclarecedor o facto de a verdadeira superação da morte só poder consistir na ressurreição dos mortos, que, para o crente, é a máxima certeza e, para os outros, algo de inconcebível, mas não mais inconcebível do que a própria morte.

Experiência e Objectivação do Corpo

O que aqui pretendo empreender é uma modestíssima tentativa de reflexão sobre o tema «Corpo, corporeidade e objectivação». Queria contribuir para que se tomasse consciência de algo que, no fundo, todos sabemos, que a ciência moderna e o seu ideal da objectivação significam para todos – médicos, pacientes ou simples cidadãos atentos e preocupados – uma tremenda alienação.

Isso verifica-se tanto mais quanto a nossa tradição filosófica – dentro da qual me encontro também, como discípulo da Escola de Marburgo, como fenomenólogo e como discípulo de Husserl e de Heidegger – muito pouco contribuiu para elevar ao nível da consciência o tema do corpo e da corporeidade e da sua curiosa permanência na sombra. Não foi por acaso que o próprio Heidegger admitiu não ter assaz meditado sobre o tema do corpo, não lhe ter dedicado em grande medida os seus esforços de pensador, como fez com muitos outros temas essenciais da nossa existência. Também não é acaso algum que o admirável talento fenomenológico-analítico de Edmund Husserl tenha considerado a esfera da singularidade e tudo o que acompanha a experiência e o modo de doação do corpo

– todo esse rico tema das formas dos fenómenos cinestésicos através dos quais se experimenta e se sente o corpo – como algo essencial, mas, todavia, como uma tarefa que fica um pouco à margem do que se pode realizar.

Perante tal facto, surge a questão fundamental de se, na nossa situação mundial, não haverá obrigações do ser humano, cuja agudização, provocada pela ética do rendimento própria da ciência moderna, força a nossa cultura ocidental a um auto-exame crítico. Importa disso tomar consciência, e eu insisti no que significa acercar-se de uma civilização mundial em que as perfectibilidades técnicas se misturam com novas e diferentes correntes de vida cultural, e talvez novos impulsos nos levem a cumprir a tarefa da nossa humanidade.

«Corpo e corporeidade» – soa quase como um jogo de palavras, como «corpo e vida», e ganha assim uma presença quase mágica. Ilustra a absoluta indivisibilidade do corpo e da vida. Haveria até que perguntar se não surgiria a questão acerca da alma e um discurso sobre ela, no caso de não experimentarmos o corpo na sua vitalidade e na sua decadência. Talvez Aristóteles continue a ter razão até hoje, quando afirma que a alma é somente a vitalidade do corpo, essa existência que se aperfeiçoa em si mesma e que ele denominou enteléquia.

Por outro lado, conhecemos a visão exterior do mundo e, entre todos os seus fenómenos, também conhecemos as nossas experiências corporais, que são focadas pela ciência moderna no seu metódico progresso em direcção à objectivização. A ciência não pode subtrair-se a tal investigação e a práxis não pode ignorar os seus resultados. Mas isto não exclui que sintamos os limites do que assim se pode reconhecer, suscitando uma consciência hermenêutica que nos leve a admitir os limites da objectivização em geral. A questão pôr-se-ia então do modo seguinte: como coadunar estas duas coisas, experiência do corpo e ciência? Como brota uma da outra? De que maneira se alcança uma – a ciência – pela outra? Ou será que a experiência da singularidade acabará por perder-se, definitivamente, em algum banco de dados ou noutro dispositivo mecânico?

Eis as perguntas com que me confronto na minha meditação. Joga-se aqui o destino da civilização ocidental. Ninguém sabe se a perfeição do nosso pensamento instrumental conseguirá originar uma nova e frutuosa harmonia com os valores humanos de outras culturas e com a nossa própria tradição meio perdida, nem como se deve fazê-lo. A primeira pergunta a formular para nos acercarmos do enigma da nossa corporeidade é a seguinte: porque é que a corporeidade é tão renitente e se defende da tematização? Sem dúvida, sempre se meditou sobre o mistério da corporeidade, porque sempre existiu a enfermidade. Em todas as culturas houve médicos ou homens sábios que acudiam em auxílio dos doentes, embora, muitas vezes, sem uma base equivalente à que a ciência proporciona. Perguntamo-nos como se enquadrava a acção médica na totalidade da ordem social e da orientação cósmica, e como é que as coisas hoje se passam.

Confronto-me, pois, com a pergunta: que acontece com a possibilidade de me aperceber do corpo como corpo, e de tratar o corpo como corpo? Que significa, na realidade, a pequenez e a brevidade da nossa vida dentro da totalidade do mundo? Qual é o nosso lugar na totalidade do ser? Face a estas interrogações, todos tomamos consciência da transcendência fundamental do tema: o corpo e a sua separação a respeito de algo como a alma – quer esta se conceba do ponto de vista religioso, quer de qualquer outro – é um iniludível motivo de reflexão. Como se coaduna a nossa corporeidade com o misterioso fenómeno da consciência pensante, que – independentemente do corpo e do tempo – se infiltra cada vez mais na área do indeterminado e continua a pensar até a si mesma se perder? Que relação tem o facto de sermos seres naturais pensantes com a nossa tarefa de seres humanos? Como podemos conseguir que a nossa razão instrumental – sobretudo na proporção descomunal que o seu desenvolvimento actual alcançou – torne a ligar-se, de uma maneira produtiva e não lamentável, ao todo do nosso estar-no-mundo? Como pode encarar-se tal tarefa?

Em certas ocasiões tentei realizar alguns trabalhos sobre a «Apologia da arte de curar», nos quais tomei como ponto de partida a experiência grega do mundo. É lógico, decerto, partir das nossas próprias origens ocidentais quando queremos esboçar alguns pensamentos críticos acerca do nosso futuro. A memória que guia as minhas meditações sobre esses temas é, desde há muito tempo, um célebre passo do *Fedro* de Platão. Nele se afirma que – como assinalaram famosos médicos da Grécia antiga – o tratamento do corpo através da acção do médico não é possível sem um simultâneo tratamento da alma; mais ainda, que talvez nem isto seja suficiente: que, talvez, até seja impossível fazê-lo sem o conhecimento do ser total. O ser na sua integridade diz-se em grego: *hole ousia*. Quem entender esta expressão, perceberá que «o ser na sua integridade» significa também «o ser saudável». O ser completo e o ser saudável – a saúde do são – parecem estar estreitamente relacionados. Também hoje dizemos que algo nos falta de cada vez que estamos doentes.

Que nos ensina este facto linguístico? Temos de admitir que somente a perturbação do todo suscita uma autêntica consciência e uma verdadeira concentração do pensamento. Sei apenas em que medida a doença, esse factor de perturbação, torna presente, até ao limite da impertinência, a nossa corporeidade, essa corporeidade que quase passa desapercebida quando não experimenta uma perturbação. Surge aqui uma primazia sistemática da doença a respeito da saúde. Contrapõe-se-lhe, decerto, o primado ontológico de ser-são – a naturalidade de estar vivo –, estado em que nos sentimos inclinados a falar de bem-estar, na medida em que o experimentamos. Mas que é o bem-estar senão um ocupar-se de si mesmo, de modo a estar aberto e pronto para tudo?

EXPERIÊNCIA E OBJECTIVAÇÃO DO CORPO

Wolfgang Blankenburg utilizou uma vez a expressão «está aí». Mas todos aprendemos com Heidegger que esse «está aí» não possui um carácter objectivo; por isso, Blankenburg utilizou, obviamente, a expressão para caracterizar a experiência do corpo. Em todo o caso, o ponto decisivo reside em que nesse «está aí» está presente o homem na sua entrega, na sua abertura e na sua receptividade espiritual para o que for necessário. Os Gregos (devo desculpar-me por utilizar, a cada passo, essas belíssimas palavras gregas) tinham para tal a palavra *nous*. Originalmente, este termo designava o farejar do animal selvagem quando apenas sente que «algo está aí». No caso do homem, significa ter a enorme possibilidade de se abandonar e de deixar o outro estar-aí. A partir deste enfoque é mais fácil aceder ao tema de que, na realidade, aqui se trata: «a doença e a corporeidade».

Todos sabemos como o médico inicia o seu diálogo «Então, que é que lhe falta?» Ou quando somos nós a querer saber: «Que é que me falta, na realidade?» Eis a pergunta que, como pacientes, costumamos dirigir ao médico que nos examina e nos assiste. Não é curioso que a falta de algo que desconhecemos nos garanta a maravilhosa existência da saúde? Nesta falta noto tudo o que aí estava – não, não tudo o que aí estava, mas *que* aí estava tudo. A isto chama-se bem-estar, ou então diz-se «estou bem», estado que inclui o estar desperto e o estar-no-mundo como presença genuína. Mas presença não significa, neste caso, um enigmático processo temporal no sentido estrito, uma sucessão de pontos do agora que se contam a partir do seu ser agora. Presença significa antes, neste caso, preencher um lugar no espaço. Assim, diz-se, por exemplo, que os grandes actores têm presença. Apesar de estarem atrás dos bastidores, enquanto os outros se matam a trabalhar! Ou o mesmo se afirma a respeito de um grande estadista, cuja presença se faz notar assim que entra numa sala. Trata-se de uma espécie de estar presente em que o verdadeiro ser alcança o seu *télos*, a sua perfeição. A notável expressão cunhada por

Aristóteles para tal assinalar é a palavra enteléquia, termo que define, por assim dizer, a totalidade e a completa perfeição do existente. Que é que se revolta contra este estado, esta perturbação que conduz, quando nos sentimos mal, ao afastamento em relação a tudo o que acontece no exterior?

Nos últimos versos que escreveu, Rainer Maria Rilke – que faleceu há sessenta anos num hospital suíço em consequência de uma grave e incurável doença no sangue – expressou, face às pungentes dores que o consumiam, até que ponto a dor isola. Diz neles: «Ah, vida, vida, estar de fora!», sublinhando até que ponto a dor nos isola do vasto mundo exterior das nossas experiências e nos encerra no que é puramente interior. O que se sente nessas situações extremas contém uma verdade geral que não nos foi inculcada apenas pela religião cristã, cujo relato da Paixão nos acompanhou desde muito cedo. Em todas as culturas se sabe algo acerca da interiorização provocada pelo sofrimento e pelo padecimento de dor. Deste modo, o tema que nos ocupa mostra a sua curiosa ambivalência. De um lado, está a maravilhosa protecção sob cujo invólucro nos deixamos levar, nos sentimos leves e experimentamos toda a leveza da sensação de vida que aumenta em nós. Do outro, conhecemos a pressão, aquilo que oprime, essa espécie de tracção para baixo que nos arrasta até chegar aos sombrios demónios de que ouvimos falar aos médicos, quando descrevem a hipocondria e a depressão. Todos conhecemos um pouco disso. Quantas coisas acontecem no homem entre essas exaltações e essas depressões! Que pode nossa a intervenção humana fazer perante essas situações quando, do outro lado como médicos empenhados na cura, temos diante nós a dominação crescente das coisas por meio de uma corporeidade que se tornou instrumental?

Pergunto-me: teriam os Gregos tido mais condições gerais do que nós que lhes servissem de enquadramento para a solução de semelhante problema? É o que parece depreender-se da citação do *Fedro*, em que se fala da integridade do corpo, da integridade da alma e da integridade do todo como de uma só coisa. O mesmo acontece quando Platão, na sua grandiosa utopia da *República*, descreve como saúde a autêntica rectidão do cidadão e concebe essa saúde como uma harmonia na qual tudo concorda e na qual até o fatal problema do dominar e do ser-dominado se resolve através do consenso de todos. Todo o mistério da «harmonia», toda a união e combinação dos opostos ecoa também numa expressão corrente: é o ajustamento do dissonante. Mas a reflexão mais profunda encontra-se em Heraclito: «A harmonia não manifesta é mais forte do que a manifesta.» Teria Heraclito diante dos olhos também o mistério da saúde? Ao meditar sobre este problema, tentei, por exemplo, orientar-me acerca do que é a dor. A dor é algo diferente do sofrimento imposto e transforma-se quando já não é acompanhada pela esperança de desaparecer ou pela certeza de que pode ser suprimida. Sabe-se isto graças à medicina actual, possuidora de uma capacidade quase virtuosa para «eliminar» a dor e também o que dói e, talvez, o sintoma. A medicina moderna permite conhecer até que ponto, por seu lado, a supressão da doença que costuma passar rapidamente a despojou do seu lugar na escala de valores da vida humana. Toma-se algo que a combate e a doença desaparece. Viktor Weizsäcker – com quem tive mais de uma conversa, antes de o seu caminho se obscurecer – perguntava sempre: que diz a doença ao doente, e não tanto: que diz ela ao médico? Que pretende ela comunicar ao doente? Não poderá isto ajudar o doente, se ele aprender a interrogá-la?

O que a alguém se afigura trivial na expectativa de que as dores e as doenças se tornem passageiras ou suprimíveis é o facto de que já não constituam um problema. Por conseguinte, a medicina moderna viu-se confrontada, sobretudo com as doenças crónicas, nas quais se apresenta outro tipo de problemas. Nelas, tudo depende do cuidado do doente, cuja parte espiritual também requer atenção. Que significa a nova posição das doenças crónicas dentro da escala de valores da medicina moderna? É evidente que, nestes casos, o homem deve aprender a aceitar a sua doença e a conviver com ela na medida em que esta lho permita. Perguntemos agora: que se segue daqui para a visão da doença terminal, como aquela a que se alude no poema de Rilke? Neste, a sua formulação é tão forte que quase parece que se nos dirige: não confundas isto com todas as outras doenças de que padeceste ao longo da tua vida, à espera de uma cura. Conviver com a doença, com a doença crónica. Temos de aprender a aceitar, quando se trata do corpo e da vida?

No limite desta interrogação, abre-se o terreno inquietante e totalmente inacessível ao leigo que se denomina o reino das doenças anímicas ou mentais, com as quais o psiquiatra tem de lidar. Que é isso que não pertence ao campo das doenças orgânicas e que só com dificuldade podemos descrever pela simples relação com a nossa corporeidade? De que se trata? Não existe aí nenhuma rebeldia do corpo atacado pela doença; às vezes nem sequer há nenhum «dói-me», nem algo que tenha a ver com um «não cumpre a sua função». Tudo isto se pode descrever como uma perturbação do bem-estar. Já é bastante curioso em si mesmo afirmar que se convive bem com a doença e que com isso se queira dizer que se pode estar atento a outra coisa, que se pode participar em tudo o que se deseje. Mas, aqui, trata-se de uma perturbação de todo diferente, de outro mundo, de um mundo desconhecido. Sem dúvida, até se tornou, em certa medida, acessível, graças à perfeição da nossa capacidade realizadora. Penso no mundo dos novos psicofármacos, e não consigo separar este novo poder das instrumentalizações da corporeidade na agricultura, na economia e na indústria modernas. Que significa que sejamos e consigamos tudo isto? Emerge assim uma vulnerabilidade completamente nova da vida humana. Não será precisamente um ataque monstruoso suprimir ou aliviar, por meio dos psicofármacos, não quaisquer perturbações orgânicas, mas remover da pessoa a sua mais profunda desarmonia e perturbação

– caso este em que não se pode falar realmente de suprimir, como se também o dominássemos? É muito eloquente o facto de ter de se conceder ao diálogo um significado tão central, nesta forma radical de perturbação, que dificilmente chamamos ainda doença, ao falarmos, por exemplo, de perturbação mental. E não penso apenas na terapia do diálogo, tal como se desenvolveu na psicanálise de estrita observância. Existe já em todo o acto médico uma condução do doente, na qual a conversação e a comunidade dialógica entre o médico e o paciente desempenham um papel decisivo. Tal como se torna evidente na realidade plena da relação médico-paciente (seja ela qual for), afinal, não se trata tanto da supressão de algo quanto, pelo contrário, da reinserção do paciente no círculo da vida humana, familiar, social e profissional, que se desenrola no meio da comunidade entre as pessoas. O caso extremo do indivíduo mentalmente perturbado e a tentativa para o ajudar a recuperar o seu equilíbrio interno configuram, parece-me, um protótipo das experiências de perturbação e das tarefas de reinserção, com as quais o homem enquanto homem sempre teve de se confrontar.

Aqui residem as minhas verdadeiras esperanças, ou chamemos-lhes antes os meus devaneios: talvez consigamos aprender com a herança cultural de toda a humanidade – que nos vai chegando, lentamente, de todas as direcções e distâncias do planeta – o suficiente para podermos superar as nossas dependências e as nossas perturbações através de uma consciencialização. O corpo e a vida surgem-me sempre como uma espécie de dados experienciais que se movem em redor da perda do equilíbrio e procuram novas posições de equilíbrio. É, decerto, um verdadeiro enigma que a mínima vacilação do equilíbrio, que não é nada, depois de oscilações que quase conseguem derrubar-nos, volte a encontrar o seu ponto de estabilidade sem deixar sequelas; ou que aconteça o contrário e, ao superar o limite do equilíbrio, tal vacilação conduza o homem a uma infelicidade irreversível. Este modelo apresenta-se-me como o modelo primordial do nosso humano modo de ser corporal e, talvez, não apenas corporal. Mas a experiência da nossa corporeidade, aqui ínsita, é esclarecedora. São os ritmos do dormir e do estar acordado, do adoecer e da cura e, por fim, do movimento vital, que se ultrapassa e se transforma no nada do ser-outro, que se extingue. São estruturas temporais que modulam todo o curso da nossa vida. Confirmam as palavras do grande médico grego Alcméon: «Os homens não são capazes de unir novamente o começo com o fim, por isso, têm de morrer.» Estas palavras descrevem, evidentemente, o ritmo do viver a partir do seu fim, da sua situação limite e final. A ordem rítmica da nossa vida vegetativa – assim a denominamos –, que todos os seres humanos partilham, nunca poderá ser substituída por uma corporeidade «instrumental», da mesma maneira que também nunca se poderá eliminar a morte. Podemos reprimi-la da consciência: *Morte em Hollywood* ilustrou isto de uma forma magistral. Podemos ocultar e reprimir muitas coisas, podemos fazê-las e substituí-las; mas até o melhor médico, capaz de nos fazer superar fases críticas da vida orgânica mediante os fantásticos recursos proporcionados pela substituição mecânica por aparelhos automáticos, se *verá*, no fim, confrontado com uma esmagadora decisão: em que momento pode ou deve renunciar à ajuda instrumental para manter a vida em estado vegetativo, e honrar assim a pessoa no homem? Destas situações-limite (utiliza-se aqui uma importante expressão criada por Karl Jaspers) devemos extrair um ensinamento a respeito de todas as nossas limitações. E temos também de nos interrogar sobre o que significa para nós a ciência com toda a sua capacidade de objectivação. Que pode alcançar a sua intervenção, que pode alcançar a nossa própria acção, como se pode utilizar a nossa dependência da ajuda dos outros e a nossa dependência – talvez ainda maior – de nós próprios para que o ritmo original da nossa ordenada vitalidade ponha ao seu serviço todas as dimensões funcionais da nossa hodierna vida social, este aparelho automatizado, burocratizado, tecnificado?

Ouve-se, hoje, falar muito (e talvez esse seja um dos primeiros sinais de esperança no meio de uma situação mundial crítica) do despertar de uma consciência ecológica. Vale a pena assinalar que se está a recorrer a uma palavra sem grande lugar no intercâmbio vital dos homens. A palavra grega *oikos* designava a casa natal. Falamos também de economia doméstica. Aprende-se a administrar a casa com os seus meios, com as suas próprias forças, com o seu tempo. Mas a palavra tem um âmbito ainda mais vasto: abrange não só a capacidade de se entender bem consigo mesmo, mas também a de se entender bem com os outros. Aprender a aceitar realmente a nossa dependência recíproca é a melhor ajuda que o homem para si pode encontrar, bem como aprender a auscultar, por assim dizer, na medida do possível, o ritmo vital interior, a não prestar demasiada atenção ao ritmo das suas disfunções e dos seus pequenos desvios, a preservá-lo numa reacção inconsciente, numa distensão instintiva e num reencontro da leveza do próprio ser e poder.

Imagino, por exemplo, que deveríamos *ver* de que maneira os problemas apresentados pela nossa corporeidade – justamente pela sua não-tematização, pelo carácter apenas relativamente episódico da perturbação – ensinam também como devemos utilizar todo o nosso aparelho civilizador e todas as suas possibilidades instrumentais. Para tal requerem-se as restantes aptidões da economia doméstica – que são muito mais importantes, talvez, do que a poupança – e que demonstram sempre a sua efectividade numa casa bem governada. Estas aptidões são mais abrangentes: não se referem apenas a nós próprios e às nossas próprias capacidades, mas também se referem à casa. A casa é o comum, o habitual e o habitado, em que os homens se sentem bem. Isto não é nada de novo. Todos sabemos, mas esquecemos em grande medida o seu significado paradigmático e teremos de recordá-lo.

Não gostaria de cair sob a suspeita de que as minhas reflexões apenas reflectem a vontade invencível de um homem muito idoso de desenvolver perspectivas de futuro no meio da escuridão. Creio ter razão ao afirmar que é necessário negar seriamente a possibilidade da vida humana sem viver o futuro. A meu ver, a nossa parte humana consiste em manter sempre aberto o futuro e admitir novas possibilidades. Se parto desta sensação fundamental é porque há decerto muitas coisas – no grande e no pequeno – que deveríamos começar a praticar lentamente. Talvez também consigamos, a longo prazo, despertar na nossa sociedade progressista o sentido da economia doméstica, da manutenção da casa em função de si mesma e dos seus, e reviver assim uma responsabilidade que vai além de cada um até à autocompreensão da própria consciência dos valores. Não é de todo impossível que o medo, a carência e a necessidade acabem por fazer-nos entrar na razão. Tal pode muito bem acontecer a uma escala global, mas ainda estamos, certamente, muito longe disso. Os chamados países subdesenvolvidos ainda não podem acreditar que haja na humanidade problemas de índole ecológica que possam chegar a afectá-los. Consideram as nossas preocupações como medidas de protecção próprias dos *beati possidentes.* Sem dúvida, não vislumbramos caminhos nem saídas; apesar de tudo, devemos perguntar-nos se não haverá sempre possibilidades. Tomemos, por exemplo, o caso da dissolução da pessoa. Dentro da ciência médica, ela ocorre através da objectivação da multiplicidade de dados. Isto significa que alguém, na investigação clínica de hoje, é reconstruído com base num ficheiro. Se a pesquisa for correcta, os valores serão os apropriados. Mas subsiste o problema de se entre eles também figura o nosso valor como pessoa.

Evidentemente, isto não se aplica à situação do paciente no aparelho de uma clínica. No grande aparelho da nossa civilização, todos somos pacientes. O ser da pessoa é, manifestamente, algo renegado em toda a parte; no entanto, sempre e em toda a parte foi e é necessário para a recuperação do equilíbrio que o homem requer para si mesmo, para a sua casa e para o seu sentir-se-em-casa. Isto vai muito além da área da responsabilidade médica e inclui a integração total da pessoa na vida familiar, social e profissional. Esta tarefa não me parece abstracta, mas concreta. Trata-se sempre de inserir o próprio auto-equilíbrio num todo social maior, no qual se colabora e que também se partilha. Parece-me haver muitos pontos nos quais estamos em situação de não só percebermos as falhas angustiantes, mas também de encontrarmos as possibilidades abertas de tornar mais humanas as coisas que se difundiram na nossa ordem social instrumentalizada. Às vezes, isto torna-se visível no encontro com uma pessoa; por exemplo, com um político que, de repente, fala de um modo tal que não se consegue fugir às suas ideias e objectivos, porque nos sentimos compreendidos.

No entanto, é verdade que a nossa existência social está organizada e constrangida de tal maneira que o encontro se torna difícil e poucas vezes obtém resultados. Não pretendo começar a enumerar aqui todas as possibilidades do trato do homem com o homem. As minhas últimas exposições referem-se a aspectos relacionados com o meu próprio pensamento e com aquilo que chamo a experiência hermenêutica. É um pressuposto da existência humana – que importa aqui realizar. Refiro-me ao pressuposto de que talvez o outro não só tenha direitos, mas também, por vezes, possa ter razão. Há um maravilhoso ensaio de Sören Kierkegaard com o título «Do que há de edificante na ideia de sempre estarmos equivocados acerca de Deus». É muito consolador, porque nós próprios nos enganamos com muita frequência e porque nos é muito difícil admiti-lo. Temos, por assim dizer, de aprender a reconhecer em todos os nossos erros e em todas as nossas petulâncias que eles são apenas possibilidades condicionadas de autêntica superioridade e de inevitável fracasso. Por isso, na minha opinião, haveria que estender a relação médico-paciente, que se encontra sob o paradoxo da não objectividade da corporeidade, a toda a experiência das nossas próprias limitações. Não se trata de um caso especial. Hoje, vejo o problema da moderna razão instrumental sobretudo na sua aplicação a coisas com as quais todos temos de lidar enquanto educadores ou na família, na escola e em todas as instituições da vida pública. Não podemos nem devemos simular para a juventude um futuro de esplêndido conforto e de crescente comodidade, mas facultar-lhe a alegria na responsabilidade partilhada, na convivência efectiva e na solidariedade dos homens. É o que falta na nossa sociedade e na coabitação de muitos. A juventude, de modo particular, sente isso. Há um mote antiquíssimo: «A juventude tem razão».

Entre natureza e arte

É difícil dizer, em tão pouco tempo, algo completo sobre um homem como Viktor von Weizsäcker e sobre as suas realizações, sobre os problemas em que trabalhou e dos quais nos devemos também ocupar. Talvez deva encarar esta minha comunicação como a continuação de um diálogo que sempre procurei manter com Viktor von Weizsäcker em encontros ocasionais. Como leigo na área da ciência e da arte médica, eu não estava em condições de participar de maneira produtiva no aspecto puramente médico das coisas. Mas sempre me atraiu o tema do círculo da forma [*Gestalt*] e a figura do pensador sábio, que sabia ocultar os seus próprios pensamentos de forma quase críptica.

Afinal, o círculo da forma foi para mim mais um símbolo e como que um convite a meditar em comum, algo que eu ambicionava ao mudar-me, em 1949, para Heidelberg e ao retomar os meus antigos contactos com Viktor von Weizsäcker. Infelizmente, essas conversas já não puderam concretizar-se, devido à sua doença. Por isso, em vez de um contributo produtivo, gostaria, hoje, de expor um pouco as perguntas que pensava formular-lhe. O que me preocupava e continua a preocupar não é algo que esteja apenas reservado à competência exclusiva do médico e à sua experiência reflexiva. Se apresentei o meu tema sob a fórmula «Entre a natureza e a arte», não tive em mente qualquer contributo para o que denominamos «a arte» na nossa linguagem corrente, mas a essência do poder, que todos conhecemos como a mais perigosa dotação do ser humano. «Arte» significa aqui, pois, no sentido da antiga *techne*, o saber e o poder que sabe, a partir dos quais a Antiguidade grega deu o primeiro passo para o nosso poder e a nossa ciência que abarcam o mundo. Tal era, se assim posso dizer, o tema fulcral dessas conversas que o destino não me permitiu manter com Viktor von Weizsäcker.

Não é, decerto, necessário pertencer à civilização ocidental nem ter sido educado no estilo particular do seu pensamento conceptual para ter uma consciência segura da peculiar e intrigante posição que o ser humano ocupa dentro do todo da natureza que nos rodeia e nos suporta. Eis, em redor, o evidente ciclo das coisas que, no pensamento primitivo, nos envolve como uma espécie de modelo, e o mesmo aconteceu no nosso próprio círculo cultural ocidental que, não por acaso, denominámos «círculo». Um Platão empreendeu, por exemplo, a tarefa de descrever a totalidade das visões do mundo por ele entrevistas e ousadas: aí está o círculo da alma, o círculo da cidade, o círculo do todo, expostos ante nós na sua peculiar conjunção e na sua mútua interferência. É como que uma sabedoria mais elevada face à nossa desmesura de um poder sempre crescente. Todavia, foi o nosso próprio equipamento humano que, afinal, suscitou a crítica situação mundial em que, hoje, se encontra a raça humana neste planeta. Convertemos o nosso saber e poder numa atitude fundamental que tudo abarca perante a natureza e o mundo humano, e continuamos a avançar, sem medida, nessa direcção. Eis a crise em que nos encontramos e da qual só podemos esperar que – tal como a crise de um doente – nos conduza a um novo equilíbrio, a um novo ciclo vital, a um novo ciclo espiritual e a um novo ciclo de harmonia com o todo. O que Viktor von Weizsäcker já há muito definia como ciclo da forma, essa conjunção de percepção e de movimento, era sabedoria grega antiga: *krinein* e *kinein*, distinguir e mover-se constituem o equipamento peculiar dos seres vivos no todo da natureza. Também nós somos seres vivos assim. Somos, porém, seres vivos dotados pela natureza de uma audaz e arriscada distância relativamente ao nosso próprio ser natural. Esta característica transforma-o num ser mais exposto, sobretudo exposto ao seu futuro, porque é um ser capaz de pensar em futuro e que procura prevê-lo. Nesta característica se funda o perigo que para nós mesmos representamos.

Seria temerário partir da obra de um homem ou também apenas de uma geração ou de um estado na evolução do nosso destino histórico, sem reconhecer a grandiosidade das realizações da civilização europeia em geral. Foi na Europa que surgiu o que hoje cobre o mundo inteiro como uma capa civilizadora, que quase eclipsa culturas formadas e desenvolvidas. A exposição do ser humano, por todos partilhada, chegou na civilização ocidental ao extremo da auto-ameaça. Poder-se-ia estabelecer, como tarefa geral da humanidade, a tarefa de encontrar a maneira de desviar de nós tal tendência e de aprender a inserir a orientação para o possível, para o desconhecido, no grande ritmo do equilíbrio da ordem natural. Esta antecede-nos em cada instante. O mistério do sono parece-me uma das experiências fundamentais em que se revela a autocompreensão humana na sua naturalidade e na sua vontade de recomeçar. O que acontecerá amanhã, o que é a manhã, a promessa e o risco, é vivido por todo o indivíduo cada dia e cada manhã. Precisamente aqui, no espaço entre o adormecer e o despertar, entre a distensão e a tensão, depara-se com o equipamento específico do homem para projectar e manter a unidade consigo em prol das metas mais audazes. Eis o que descobrimos na nossa constituição humana fundamental e o que um médico reflexivo reconhecerá sempre como sua tarefa essencial: conseguir não apenas que o paciente se restabeleça, mas devolver-lhe também a unidade consigo mesmo juntamente com a reposição, a restituição e o retorno ao seu poder e ao seu ser.

Viktor von Weizsäcker foi um homem muito talentoso em muitas áreas. Poderia, sem dúvida, ter chegado a ser uma grande eminência como psicólogo da escola de Von Kries ou até ter-se consagrado à aventura da filosofia como pensador original e como místico profundo que era. No entanto, apegou-se à sua vocação de médico. Creio que não foi por acaso: ele demonstrou a sua estatura humana e espiritual ao decidir a favor do doente em todas as opções da sua vida, ao reconhecer, face à doença, o grande enigma de ser saudável e ao procurar fazer sempre o bem.

Numa ocasião, pude pessoalmente comprová-lo. Foi durante a guerra. Eu era professor em Leipzig e a cátedra de Psicologia vagara. A escola de psicologia experimental de Leipzig gozava, há muito, de grande prestígio em todo o mundo. O Instituto de Psicologia de Wilhelm Wundt fora o primeiro a ser criado. Por essa altura, em 1944, propus – com a aprovação da minha Faculdade – Viktor von Weizsäcker para sucessor do psicólogo Lersch, que se mudara para Munique. Creio que eu sabia bem o que estava a fazer. Também entendi que Von Weizsäcker acedesse à proposta como se cede a uma grande tentação, para a seguir renunciar a todos esses planos e ter de regressar de Breslau a Heidelberg. O atractivo que para ele deve ter exercido essa perspectiva foi, sem dúvida, o mesmo que sobre nós exerceu a possibilidade da sua presença. Teriam assim ganho um investigador a psicologia geral e, ao mesmo tempo, a filosofia, que necessitava de novas ideias. Nessa altura, a psicologia já há muito deixara para trás a sua origem na fisiologia dos sentidos e nos problemas da psicologia experimental. No seu esforço por dominar cientificamente outros campos da experiência anímica humana, tinha caído no difuso de um vago pragmatismo tipológico. Pareceu-nos, por isso, uma tarefa digna do grande investigador e pensador conduzir novamente a psicologia aos fenómenos primordiais da *condition humaine*, os quais se nos tornam, indiscutivelmente, muito visíveis no paciente, no doente, naquele em que algo falha. Os enigmas da doença atestam o grande milagre da saúde, que todos vivemos e que a todos sempre de novo presenteia com o dom do esquecimento, o dom do bem-estar e a desenvoltura da vida. A nossa ideia era então que um médico, com a formação científica de um investigador experimental que, simultaneamente, orientava o seu pensamento em direcção ao todo do ser humano, se unisse ao nosso trabalho em comum. Ilusões, decerto, nas horas finais da guerra. Mas vivíamos de ilusões num país que naufragava, que se tinha lançado na perdição por sua própria culpa e que, no entanto, devia acreditar no futuro.

Von Weizsäcker viu com clareza que o seu regresso a Heidelberg e o regresso à actividade médica deviam ser mais importantes do que aquele trabalho em Leipzig, que conduzia à incerteza da teoria pura. Se intercalo este dado biográfico é apenas para explicar a razão das minhas conversas com Von Weizsäcker antes e depois do seu regresso a Heidelberg, quando eu próprio para ali me mudei. Também pretendo esclarecer porque esperava discutir justamente com ele o mistério desse «ciclo», o mistério desse infinito que se mantém a si mesmo, que se mostra na vida orgânica e que – como todo o leitor de Platão sabe – se converte em tema de um inesquecível passo do *Fedro*. Nele, Sócrates assinala ao seu jovem acompanhante que nada podemos saber acerca da alma humana, nem sequer acerca do corpo humano, sem ter em conta o todo, o *holon* da natureza. A palavra grega tem já em si mesma uma ressonância diferente – para quem sabe grego – da nossa expressão «o todo». *Holon* é também o saudável, o inteiro, o que pela sua própria vitalidade autónoma e auto-regenerativa, se incorporou ao todo da natureza. Toda a tarefa empreendida pelo médico deve tomar isto a peito. Recordemos até que ponto assim o fazia Viktor von Weizsäcker, ao falar na inverdade da doença. Pretendia dizer o seguinte: que se oculta ao homem, que se encobre, quando o seu próprio estado físico desliza para uma espécie de rebelião? Não temos algo a aprender quando adoecemos, até regressarmos ao bem-estar da vida, a esse bem-estar que testemunha uma estranha e incompreensível bondade?

O exemplo platónico pode indicar-nos o caminho. Platão diz ou faz dizer ao seu Sócrates que talvez o médico devesse conhecer não apenas a natureza da alma, mas também a natureza do todo, se quer tratar realmente a deficiência, o sofrimento, a doença do paciente. Ouvimos e também sabemos, por uma experiência milenária, em que medida esta tarefa se transformou numa arte particularmente difícil em consequência das necessidades e dos progressos do nosso poder e do nosso saber. A marcha da história obrigou, não apenas o doente e o médico, mas a todos nós a submetermo-nos cada vez mais à lei da divisão do trabalho – o que reduziu a nossa própria contribuição a uma simples função dentro de um todo já inabarcável. E assim, ser médico é, em certo sentido, uma profissão simbólica, pois a sua tarefa não é um «fazer», mas prestar uma ajuda que facilita ao ser vivo o seu regresso à saúde e à vida. O médico nunca pode ter a completa ilusão de possuir o poder e o fazer. Sabe que, no melhor dos casos, o seu êxito não é devido a si mesmo nem ao seu poder, mas à natureza. Tal é, efectivamente, a situação singular da medicina no todo da ciência humana. É verdade que todas as nossas possibilidades de saber e de poder estão condicionadas, e que o nosso «fazer» se vê sempre limitado pela natureza. A ciên-cia médica é a única que, afinal, nada produz em absoluto e deve contar expressamente com a maravilhosa capacidade da vida para se restabelecer e se reincorporar a si mesma. De modo que a tarefa do médico é a de contribuir para tal restabelecimento. Isso não se refere apenas ao equilíbrio do dormir e do manter-se desperto, do metabolismo e da respiração, e de todas as restantes funções básicas do viver, que o doente deve recuperar. Refere-se também à obrigação que o doente tem de encontrar a saída a respeito de uma situação social anómala e voltar ao trabalho, que se transformou para ele num elemento vital. Todos sabemos: a vocação humana para o trabalho – de que já falava o *Génesis*, o Antigo Testamento – é um sábio dom, e não apenas uma condenação a um eterno sofrimento. A tarefa de todos nós – uma tarefa que o médico ilustra com o seu poder – consiste em reconhecer que estamos situados entre a natureza e a arte, que somos seres naturais e devemos lidar com o nosso poder. O médico e os seus «êxitos» podem justamente ensinar-nos a tomar consciência dos limites de toda a capacidade humana e a aprender a aceitar as nossas próprias limitações.

Eis porventura o que, antes de mais nada, pode, por trás da inverdade da doença, fazer triunfar de novo a verdade. É a verdade que quer ocultar-se atrás da doença e da ameaça à vida e ao bem-estar. Na verdade revela-se a imperturbável vontade de viver e a indomável força da vida e da esperança que há em todo o homem e que constitui o seu dom mais natural. Pode ensinar-nos a aceitar o que está dado, o que é limitativo, o doloroso. Aprender a aceitar a doença – eis talvez uma das maiores mudanças que se produziram na nossa civilização, mudança que se deve aos progressos da medicina e nos confronta com novas tarefas. Deve haver algum significado no facto de o médico parecer, hoje, suprimir muitas doenças como que por magia, e de o desaparecimento delas não deixar nenhum ensinamento ao paciente. Também deve haver algum significado no facto de as doenças crónicas ocuparem, de longe, o primeiro plano do interesse médico, na medida em que não podem ser suprimidas. Na realidade, o aspecto mais crónico de todas as doenças é o caminho ao encontro da morte. Aprender a aceitar o nosso destino mais certo é a suprema tarefa do homem.

Quando recordo o fenómeno humano chamado Viktor von Weizsäcker, tal como reside na minha memória, relaciono-o directamente com esta tarefa. A sua personalidade tinha algo de enigmático. Por um lado, era um cismador ensimesmado e quase sombrio; e, por outro, emergia nele a repentina iluminação, que reunia a genial capacidade de observação do grande médico e a disponibilidade para o próximo. Por isso, não o vejo só como o médico que nos ajuda a recuperar o equilíbrio que a natureza nos concedeu como um favor; também o vejo como alguém capaz de nos ensinar, como todo o grande médico, a aceitar os nossos próprios limites e até – consciente da tarefa do ser humano – a aceitar o último limite. Gostaria, por isso, de terminar com algumas linhas de um poema, não decerto para justificar o título por mim escolhido – «Entre a natureza e a arte» –, mas para apresentar um testemunho da validade do que foi dito. É um poema de Ernst Meister, um dos meus antigos discípulos, distinguido, pouco antes da sua morte, com o prémio Georg Büchner. Reza assim:

> *Ainda*
> *me permito acreditar*
> *que existe*
> *um direito da abóbada,*
> *a curva verdade*
> *do espaço.*
> *Curvada pelo olho,*
> *a infinidade,*
> *celestial,*
> *dobra o ferro,*
> *a vontade,*
> *de ser um Deus*
> *sendo um mortal.*

Filosofia e medicina prática

Estou aqui, como leigo, num círculo com que me relaciono desde há muito. Com efeito, fui amigo de Viktor von Weizsäcker desde os anos trinta e em Heidelberg travei relações com alguns dos seus colegas e discípulos. Infelizmente, nessa vizinhança nem sempre acontece o que seria de desejar. Vou hoje permitir-me recordar Sócrates numa festa em honra de um grande autor de tragédias gregas, um tal Agatón ([17]). Durante o banquete, calhou a Sócrates sentar-se entre Agatón e o célebre comediógrafo Aristófanes, e disse: «Seria muito bonito que a sabedoria passasse de um para o outro, tal como a água flui de um recipiente para outro, através de um fio de lã; assim, aprenderia muito com os meus vizinhos.» Mas como, lamentavelmente, tal não sucede – como pôde comprovar o próprio Sócrates –, sinto-me envergonhado perante os meus vizinhos. Já o títu-

---

([17]) Conhecemos pouco a arte teatral de Agatón, porque já não era, em primeiro lugar, «arte da palavra», como a dos dramaturgos gregos que chegaram até nós. Representa antes uma forma musical de teatro que não conseguiu transmitir-se.

lo aqui anunciado me deixou perplexo. Que é «o filosófico?» Meditei muito sobre esta questão para encontrar uma resposta plausível. Como devo interpretar a minha tarefa? É, claro está, da essência da filosofia – em contraste com outras disciplinas – formular perguntas que não nos deixam em paz, apesar de não sabermos como lhes responder, nem se alguma vez o conseguiremos. Neste sentido, a pergunta acerca do filosófico é, por si só, uma pergunta filosófica sem resposta. Podemos, todavia, afirmar que se trata de uma disposição natural do homem, e não de uma habilidade profissional. Peço-vos, pois, que não me considerem um especialista que traz uma resposta às questões, mas alguém disposto a pensar juntamente com outros.

Ora bem, não há dúvida de que, na era da ciência, há um caminho em que todos nos encontramos. Refiro-me à linguagem, ao diálogo que todos travamos. A linguagem é uma sedimentação da experiência e da sabedoria, que já nas palavras nos fala. Gostaria de tentar partir destas considerações na minha colaboração para o tema em discussão. Queria interrogar as palavras.

A segunda parte do título, «medicina prática», foi também para mim motivo de meditação. Disse-se muitas vezes que o tema «medicina geral» não nos é muito grato, pois adquiriu um significado muito particular na era da especialização. Também não resta dúvida de que a medicina clínica – sobre cuja base se desenvolve grande parte da investigação médica moderna – representa apenas um pequeno sector comparada com a tarefa total que a arte de curar deve cumprir a respeito de toda a humanidade. De modo que me encontrei perante esse duplo enfoque que se oculta atrás do título. Por um lado, a filosofia, mãe de todas as ciências ([18]). A expressão «o filosófico» tornou-me consciente

---

([18]) Já há muito que não o é; mas sobreviverá em nós como fenómeno humano, enquanto nesta Terra viverem homens pensantes. Pode declarar-se muitas vezes a filosofia como morta; mas isso não lhe causará nenhum dano.

do peculiar isolamento a que conduz a necessidade de solidão do pensador. Em Heidelberg temos o «caminho dos filósofos» e muita gente pensa seriamente que lhe chamam assim em homenagem à nossa disciplina. Na realidade, esse caminho tem um nome que pretende caracterizar os estranhos homens que preferem passear sozinhos. Tal é a verdadeira origem do nome. Tudo o mais representaria uma honra excessiva para nós. Sair a passear sozinho, pensar a sós, eis o que convida qualquer um a filosofar; mas apenas desde a era moderna, seguindo o exemplo de Rousseau. A natureza é a potência anímica da solidão. E, por outro lado, temos a «medicina prática», a práxis médica, a sala de espera, a bata branca, a preocupação de todos os pacientes que esperam. Não é fácil construir uma ponte que vá de uma margem à outra, por mais pontes que haja sobre o rio Neckar. É evidente que a filosofia tem consciência de estar muito longe do consultório.

Como encarar, então, este duplo aspecto da teoria e da prática? Nele se reconhece, de imediato, um dos problemas mais antigos da cultura humana. Teoria significa apenas contemplação, significa olhar, não se deixar convencer pelos interesses e impulsos de um mundo de desejos, mas reconhecer o que é ou o que se mostra. Ao lado está o mundo da prática, em que todo o erro é vingativo, em que se desenvolve um permanente processo de aprendizagem e de correcção regido pelo êxito ou fracasso. Como se ligam as duas vertentes? Como é possível que nos aproximemos, com a distância do simples olhar, de coisas que, na prática, nos queimam os dedos, como por exemplo a doença e a morte? Como será possível fazer surgir uma relação frutuosa entre uma e outra? Creio que convém esclarecer quão difícil é esta situação para todos nós, sobretudo desde que a ciência moderna teve de renunciar à antiga unidade entre o trato com a vida e a prática médica. Outrora havia uma curandeira ou um curandeiro na aldeia. A seguir, impôs-se o papel quase paternal do médico de família. Nas estruturas sociais menores havia uma espécie de prática individual, sem batas brancas nem salas de espera cheias de pacientes preocupados. Hoje, vivemos na era da sociedade de massas e das instituições. A ciência é uma dessas instituições omnipresentes. Não vale a pena deixar-se enganar: não se pode voltar atrás. Temos de aprender a estender uma ponte entre o teórico, que sabe de generalidades, e o prático, que deve modificar a situação sempre única do paciente preocupado.

Basta apenas recordar-vos o que diz a língua alemã ao relacionar estreitamente ciência e arte, ao ponto de confundir a ciência com a arte de curar. A arte, no sentido de competência, parece postar-se do lado dos que podem fabricar algo, quer dizer, que podem fazer algo. E, no entanto, todos sabemos que a tarefa do médico consiste em «tratar», no melhor dos casos de restabelecer. Este não é o estilo da ciência moderna, que aprendeu a traçar os seus projectos construtivos com base na experiência, na experimentação e na concordância com os seus cálculos quantitativos. Na prática do médico, encontramo-nos num mundo que, evidentemente, exige outra transposição do aprendido. O médico deve encontrar o indicado para cada caso individual de maneira quase imprevisível, uma vez que a ciência lhe proporcionou as leis, os mecanismos e as regras gerais. Salta à vista que estamos aqui perante uma tarefa diferente. Como se pode chegar a cumpri-la?

Permitir-me-ei, uma vez mais, desenvolver o tema a partir de uma palavra. Na linguagem expressa-se a relação geral entre a lei e o caso. Algo é um *caso* de uma lei. Será esse também o «caso» do paciente? O paciente, aquele que sofre, vê o seu «caso» de um ângulo muito diferente. O seu «caso» é, como primeiro, uma excepção, um afastar-se das relações vitais em que ele vivia habitualmente como homem activo e trabalhador. Também para o médico, o «caso» do paciente é algo muito diferente daquilo que é o caso de uma lei para a ciência. Na palavra «caso» estão contidas ambas as coisas: por um lado, o caso especial da regra e, por outro, o caso da doença, que apresenta uma problemática diferente da realidade vital e constitui a situação de excepção do doente.

Pergunto-me: porque tivemos de sair do estado pré-científico da nossa experiência vital, que em muitas culturas representou – durante muito tempo –, sem ajuda da ciência moderna, uma espécie de atenção e de orientação na doença e para a morte? Qual a nossa situação actual, porque se chegou a ela e que possibilidades ela nos faculta? Como pode a ciência moderna resolver este problema e como se apresentará esta tarefa ao médico na sociedade actual?

Ora bem, não existe apenas a ciência das doenças, pois a doença não pode existir sem a saúde. Ambas constituem realidades que um médico deve conhecer ou deve procurar conhecer com os meios da ciência moderna. E aqui encontramo-nos perante uma pergunta sem resposta: que é a saúde? Sabemos, mais ou menos, o que são as doenças. Estas possuem, por assim dizer, o carácter rebelde da «excepção». De acordo com a sua aparência, constituem um *objecto*, algo que oferece uma resistência que é preciso quebrar. É possível colocá-las sob a lupa e julgar o seu grau de intensidade através de todos os meios que uma ciência natural objectivadora nos proporcionou, em sintonia com a ciência moderna. Mas a saúde é algo que se subtrai a tudo isto de um modo muito peculiar. Não é algo que se mostre como tal à investigação, mas algo que justamente existe porque se lhe esquiva. Não temos dela, pois, uma consciência permanente nem ela nos preocupa como a doença. A saúde não é algo que nos convide a um contínuo auto-tratamento, ou a ele nos aconselhe. Faz parte do milagre do auto-esquecimento. E a teoria, o puro olhar, que procura, que encontra? Fala-se dos problemas do corpo e da alma. Crê-se saber o que é o corpo, mas ninguém sabe o que é a alma. E que são o corpo e a alma? Um dinamismo, talvez? O corpo, em todo o caso, é vida, é o vivo; a alma é o que anima esse corpo. No fundo, um reflecte-se tanto no outro que qualquer tentativa de objectivação de um prescindindo da outra ou de uma sem o outro conduz, de alguma maneira, ao irrisório. Isto apenas demonstra a grande distância que existe entre o que a ciência objectivizante pretende atingir e o que aqui consideramos como tarefa nossa.

Recordo uma frase de Hegel: «As feridas do espírito curam sem deixar cicatriz». Seria necessário ampliar esta interessante afirmação: não é um milagre da natureza que esta possa curar também sem deixar cicatriz? A cura é como que um retorno às vias restabelecidas da vida. Neste sentido, o médico é apenas alguém que colaborou em algo que a própria natureza leva a cabo. Uma sentença do médico grego Alcméon reza assim: «Os homens devem morrer porque não aprenderam e não conseguem reunir o fim ao princípio». Não é esta uma afirmação realmente dura? Não é que nos falte algo; falta-nos tudo. Pois a natureza viva aprendeu isso através de todos os seus combates contra as feridas e as doenças: sabe voltar desde o fim da doença ao princípio. E Alcméon prossegue: «Até a morte é um simples incorporar-se no ciclo da natureza». Alcméon tem, decerto, presente o maravilhoso exemplo da auto-renovação da natureza quando define o destino mortal do indivíduo como um não conseguir atingir esse ciclo do regresso. Quanta sabedoria há nesse incorporar-se, que não se designa como a morte!

Ora bem, se temos isto presente: que faz a ciência moderna? Devemos a Galileu e à poderosa irrupção do século XVII o sentido completamente novo da nossa prática da ciência. A ciência moderna caracteriza-se por transformar o concreto dos objectos observados numa lei geral, com a ajuda de um esboço matemático. Assim, desenvolveu a admirável e surpreendente faculdade de articular e controlar os factores que produzem um efeito no campo de experiência da vida, de tal modo que até conseguiu que os novos factores incorporados se transformassem em factores de cura. Um dos contributos decisivos da ciência moderna foi, sem dúvida, elaborar um projecto construtivo que permite captar os traços fundamentais do geral na sua concreção. Mas é evidente que nem tudo assim se consegue. É manifesto que também necessitamos de possuir algo da força autocurativa da natureza e do espírito. Espírito (não pensemos em algo demasiado elevado) é também o corpo, e espírito é também o vivo. Ambos os aspectos constituem o espiritual da nossa vitalidade, que nós mesmos somos, que, na realidade, todos nós somos, o paciente e justamente aquele que ajuda o paciente: o médico. Trata-se, evidentemente, de aprender a transpor a arte, com que podemos objectivizar a ciência, para a outra dimensão em que a vitalidade se conserva e se renova.

Todos aceitarão isto, sem vacilar, como uma trivialidade. Tal é, evidentemente, a tarefa. Que fazer? Esclareçamos: na ciência moderna, objectivizar significa «medir». De facto, nas experiências e com a ajuda dos métodos quantitativos, medem-se fenómenos da vida e funções vitais. Tudo se medirá. Até somos suficientemente audazes (e esta é, sem dúvida, uma das fontes de erro da medicina padronizada) para fixar valores estandardizados e para não olhar nos olhos a doença ou a ouvir através da voz, mas para a ler nos valores mensuráveis, que nos proporciona o nosso instrumento de medição. Talvez ambas as coisas sejam necessárias; mas é difícil aliá-las.

Ora bem, se for este o nosso ponto de partida, devemos interrogar-nos: que significa aqui medida? Admiro o pensamento de Platão, cujo estudo recomendo a quem quiser saber o que parece faltar no mundo científico moderno. No diálogo sobre o político, deparamos com esta questão muito actual: quem é um verdadeiro estadista, em contraste com um simples funcionário da sociedade? Para responder, Platão estabelece uma diferença entre dois tipos de medida. Por um lado, está a medida que se toma quando ela se aplica a um objecto a partir de fora. Por outro, temos a medida que reside na própria coisa. As expressões gregas são *métron* para o aparelho de medição e *métrion* para o medido ou o apropriado. Mas que significa «apropriado»? Pelos vistos significa a mensurabilidade *interna* do todo que se comporta como vivo. De facto, é assim que experimentamos a saúde – e assim a viam também os Gregos – como harmonia, como a conveniência equilibrada, ao passo que na doença, pelo contrário, a conjunção – a harmonia do bem-estar e a entrega de si mesmo ao mundo – é perturbada. Se observarmos as coisas deste ângulo, o *métrion*, o apropriado, apenas é acessível em escassa medida através da simples medição. O mais apropriado é, como já disse, observar e escutar o paciente. Já sabemos como isto é difícil nas grandes clínicas modernas.

Tentarei avançar mais um passo. É claro que há duas medidas que encontramos a cada passo. Uma, nas mãos da ciência; outra, em todo o nosso estar-no-mundo. Aprendemos a descrever, com uma terminologia moderna, os sistemas cujos campos de acção põem em movimento não apenas o nosso organismo biológico, mas também inúmeros instituições e organizações da nossa vida social. Que se segue destas considerações? Para simplificar diria que, de um lado, há o olhar e o verificar com ajuda dos procedimentos de medição: uma espécie de reconhecimento quase aritmético da forma de exercer uma influência sobre a doença. Do outro, está o *tratamento*, uma palavra muito eloquente e significativa. Nele se reconhece literalmente a mão, a mão sábia e treinada, que reconhece os tecidos palpando. O «tratamento» vai muito além dos progressos alcançados pelas técnicas modernas. Nele estão presentes a mão que palpa, o ouvido fino, a palavra exacta, o olho atento do médico que procura ocultar-se por detrás de um olhar solícito. Há muitas coisas que são essenciais ao paciente no encontro com o tratamento.

As reflexões aqui propostas são a impressão de um paciente distanciado, tratado, por sorte, em poucas ocasiões e sempre bem. Mas penso sobretudo nos idosos e nos doentes crónicos. O seu estar-doente tem hoje uma grande importância para a medicina e é uma prova dolorosa dos limites da capacidade técnica. No tratamento do doente crónico e, por fim, no acompanhamento do moribundo somos repetidamente recordados de que o paciente é uma pessoa, e não um «caso». São conhecidas as fórmulas rotineiras com que o médico se desliga, habitualmente, da sua responsabilidade para com o paciente. Mas quando consegue conduzi-lo de regresso ao mundo da vida, sabe que deve prestar uma ajuda não apenas transitória, mas para sempre. Nesse caso, não basta actuar, é preciso *tratar.*

E agora extrairei uma conclusão válida para todos nós. A meu ver, a saúde crónica é o caso especial com que todos nos confrontamos enquanto seres humanos. Todos devemos tratar-nos a nós mesmos. O destino trágico da civilização moderna reside, a meu ver, em que a evolução e a especialização da capacidade técnica anularam as nossas forças de autotratamento. Há que reconhecê-lo no mundo actual, tão transformado. Sei apreciar o papel que a medicina moderna desempenha. Mas este nem sempre consiste em curar; muitas vezes, trata-se antes de conservar a capacidade de trabalho dos indivíduos. São imposições da existência na sociedade industrial que todos temos de aceitar. Há, todavia, algo que vai mais além, e é o tratamento a que nós próprios devemos submeter-nos, o auscultar-se e escutar-se a si mesmo, o encher-se com o todo da riqueza do mundo, num instante sereno, não perturbado pelo sofrimento. São instantes em que cada qual está mais perto de si mesmo. Também estas são formas de tratamento, e estou cada vez mais convencido de que, na nossa sociedade industrial, se deve fazer todo o possível para incrementar o valor de tal prevenção, face ao significado da cura. A longo prazo, isto será decisivo, se nos queremos adaptar às condições de vida do mundo tecnificado, e se desejamos aprender a fazer renascer as forças com que se conserva e se recupera o equilíbrio, o apropriado, o que é conveniente para si mesmo e para todo o indivíduo.

A ciência e a sua aplicação técnica levaram a um saber de dominação em grande escala e a situações-limite que acabam por se voltar contra a natureza de forma prejudicial. A par do saber e do poder com que o mundo nos surge como objecto a dominar e como um campo de resistência – objecto é resistência, cuja rotura e superação pelo saber é tarefa nossa –, o mundo oferece ainda um outro aspecto, designado na filosofia deste século mediante um termo introduzido por Husserl: 'o mundo da vida'. Quando, na minha juventude, enveredei pela filosofia, o facto da ciência representava a última palavra e constituía a base da chamada teoria do conhecimento. As coisas mudam, e hoje pensamos, com mais consciência, que a ciência metódica estabelece os seus limites através do seu próprio poder. Ela tentará decerto superar esses limites. Também não pode dar-se aqui uma demarcação obscurantista de fronteiras. Mas, a meu ver, há outros limites que devem ser levados em conta. Pode afirmar-se, sem lugar para dúvidas, que não é possível tratar realmente nenhuma pessoa que se olhe a si mesma apenas como um «caso», e que nenhum médico pode, por seu turno, ajudar um indivíduo a superar uma doença grave ou mais ou menos leve aplicando-lhe apenas o poder rotineiro da sua especialidade. Em ambas as perspectivas somos partícipes de um mundo da vida que nos suporta. E a tarefa que se nos impõe como seres humanos consiste em encontrar o nosso caminho nesse mundo vital e em aceitar os nossos condicionamentos. Este caminho implica, para o médico, a dupla obrigação de unir a sua competência altamente especializada à sua participação no mundo da vida [*Lebenswelt*].

O mistério da saúde

Há que reflectir sobre algumas questões que não só concernem ao médico na sua formação e nos seus interesses profissionais, mas a todos nós. Quem não conheceu as primeiras experiências alarmantes que se produzem no despertar da infância? Éramos logo declarados doentes, sob a supervisão dos pais, e nessa manhã não nos permitiam levantar. Durante os anos seguintes, vão-se acumulando as experiências que realçam o facto de que o estranho não é tanto a doença quanto o milagre da saúde.

Isto dá-me ocasião para inserir a situação epistemológica e prática no contexto mais amplo da sociedade modelada pela ciência moderna, e para indagar como nos devemos orientar na nossa prática vital a respeito da doença e da saúde. É indubitável que na experiência da saúde e da doença assoma parte de uma problemática geral que não se pode referir apenas à posição especial da ciência médica dentro das ciências naturais modernas. Seria, por isso, muito conveniente tomar consciência das diferenças existentes entre a medicina científica e a verdadeira arte de curar. Em última instância, trata-se da diferença entre o conhecimento das coisas em geral e as aplicações concretas desse conhecimento ao caso único. Mas este é um tema muito antigo dentro da filosofia e do pensamento, e é também um objecto especial do meu próprio trabalho filosófico, denominado hermenêutica. É evidente que o conhecimento em geral se pode aprender; mas não o segundo aspecto, que tem de amadurecer lentamente através da própria experiência e da própria formação do juízo.

O nosso tema desloca-se assim para um contexto muito vasto que, desde o aparecimento da ciência moderna e da sua tensão com o tesouro de experiências da humanidade, é, no fundo, uma tarefa comum a todos nós. Vivemos num meio cada vez mais modificado pela ciência – um meio ao qual mal nos atrevemos a chamar natureza – e, por outro lado, numa sociedade moldada pela cultura científica da era moderna, à qual nos devemos acomodar. Há milhares de prescrições e de regulamentos que falam de uma crescente burocratização da vida. Como não perder a coragem para modelar a própria vida?

Parece-me muito eloquente o facto de que na progressista civilização técnica dos nossos dias tenha de ter sido inventada uma expressão como «qualidade de vida», que pretende descrever o que entretanto se sofreu. O certo é que um dos mais antigos temas do homem reside na questão de que cada um deve «conduzir» a sua própria vida, e deve perguntar-se como fazê-lo. Tal não se verifica só com o homem europeu, marcado pela ciência; é um tema originário, que surge igualmente onde o cuidado da saúde é regido por ritos religiosos, dominados por certas figuras e grupos sociais importantes, como, por exemplo, as curandeiras ou os curandeiros. Em todo o lado se levanta a iniludível questão de saber se a experiência acumulada não se terá vindo a condensar lentamente no desenvolvimento de práticas que se devem ter aplicado desde tempos remotos e que manifestam a sua validade, apesar de se desconhecerem os motivos da sua eficácia. Isto determinou, sem dúvida, a vida da humanidade em todas as épocas primitivas, e não apenas no terreno da saúde e da doença. Mas nos problemas vitais relativos a este campo, aflora de modo especial a tensão da nossa civilização fundada na ciência. Eis o que hoje quis sugerir com o título «O mistério da saúde».

Quando se quer definir a ciência da medicina, a forma mais apropriada de o fazer seria considerá-la como a ciência da doença. Pois a doença é o que aflora como perturbador, ou perigoso, aquilo com que é preciso acabar. É lógico que, dentro do espírito de abertura e de avanço que reina na ciência moderna desde o século XVII, se tenha imposto no pensamento alemão o conceito de 'objecto' [*Gegenstand*]. A palavra é muito significativa. «Objecto» é o que oferece resistência, que se interpõe no caminho do impulso natural e da inserção no acontecimento da vida. Eis o que elogiamos na ciência como sua prestação objectivadora, pela qual chega ao conhecimento. Em primeiro plano está o acto de medir e de pesar. A nossa experiência científica e médica está orientada para a subjugação dos fenómenos da doença. Pretende-se, por assim dizer, forçar a natureza ali onde se manifesta a doença. O importante é dominá-la.

A ciência moderna, por meio da experimentação, força a natureza a dar-lhe respostas. A natureza é como que torturada. Eis uma herança do grande impulso do século XVII, que lutava por se libertar de preconceitos herdados e por patentear, em todas as direcções, novas experiências. Seria bom ter isto em conta: não é por acaso que a palavra 'totalidade' [*Ganzheit*], hoje de uso tão corrente, é muito recente. Ainda não figurava nos dicionários do século XIX. Teve, primeiro, de se impor de tal modo, na medicina, o pensamento metódico da ciência matemático-experimental que daí surgiu a perplexidade em pleno labirinto das especialidades e a perda da orientação para a totalidade. Todos nos encontramos sob o impulso do nossa própria autocerteza e certificação metódica, ligada à cientificidade e à objectividade. Não se trata agora de virarmos as costas a esta lei. Espero que, encontrando-nos aqui reunidos, todos lidamos com uma tarefa que abarca sob o mote da 'totalidade' quem quer que leve a sério a ciência. Este lema é válido para qualquer médico, para qualquer paciente e, mais ainda, para todos os que não desejam ser pacientes – quer dizer, para nós. Lamentavelmente, é preciso reconhecer que o avanço da ciência foi acompanhado pelo retrocesso no cuidado geral da saúde e na prevenção das doenças.

Resumindo: o conceito de «totalidade» é uma expressão inteligente que, devido ao seu contraconceito, o de «especialização», se tornou necessário e significativo. A especialização é uma tendência irrefreável da ciência moderna e de todos os seus procedimentos. Como se sabe, a lei da especialização não se limita a ser uma tendência dentro da investigação e da prática da medicina. Em todas as disciplinas da investigação científica nos encontramos perante a mesma situação, provocada pela compartimentalização metodológica de todos os domínios objectais, que nos obriga a realizar um esforço interdisciplinar. As áreas impossíveis de dominar através da verificação metódica definem-se como zonas cinzentas, e com este conceito não se designam apenas coisas que, evidentemente, são simples extravagâncias. Temos, por exemplo, a astrologia. Alguém pode explicar como é possível que se formulem surpreendentes declarações acerca dos destinos humanos com base de horóscopos que se tornam realidade? Podemos mostrar-nos cépticos a esse respeito, ou antes ter as nossas próprias experiências. Mas, em todo o caso, trata-se de fenómenos que não têm explicação. Na realidade, há inúmeros exemplos em que a ciência não pode dizer o que é capaz de produzir, na prática, um determinado procedimento. Desde há muito que se conhece a homeopatia como uma dessas áreas. Até os mais bem intencionados entre os clínicos cépticos lhe chamaram «udenopatia» ([19]) e, com esta expressão,

---

([19]) *Ouden*, do grego «nada»; aqui no sentido de não fazer absolutamente nada.

queriam dizer que mediante os medicamentos administrados em pequenas doses homeopáticas não se conseguia absolutamente nada; e que a homeopatia apenas continuava a ser praticada porque produzia um excelente efeito curativo perante o habitual abuso de medicamentos químicos.

Mas subsiste o facto fundamental de que é a doença, e não a saúde, que se auto-objectiva, quer dizer, que aflora, que importuna. Quase me atreveria a afirmar que, pela sua essência, a doença é um «caso». E, com efeito, costuma afirmar-se que algo é um caso de doença. Que significa «caso»? O uso da palavra deriva, sem dúvida, do jogo de dados. De modo que «caso» é o que nos cabe por azar no jogo da vida. A partir daqui, o vocábulo penetrou na gramática e na regra das declinações, e designa o papel que uma palavra desempenha dentro do contexto da oração (em grego, «caso» diz-se *ptosis* e em latim *casus*). A doença é, pois, também é um acaso. A palavra grega 'symptom' significa acaso e era usada pelos Gregos para designar as manifestações mais apelativas de uma doença. Hoje, damos-lhe o mesmo uso. De novo nos ocuparemos aqui do mistério ínsito no carácter recôndito da saúde. A saúde não chama a atenção por si mesma. Podem, decerto, estabelecer-se valores padronizados para a saúde. Mas se pretendesse impor a um indivíduo saudável esses valores padronizados, só conseguiríamos adoecê-lo. É parte essencial da saúde manter-se a si mesma na sua medida própria. Não permite que se lhe imponham valores padronizados, com base em certas médias obtidas de diferentes experiências; tal imposição seria inadequada para o caso individual.

Utilizei propositadamente a palavra «inadequado», para tomarmos consciência de que a aplicação de regras com base em valores de medição não é algo natural. As medições, os seus padrões e os respectivos procedimentos servem-se de uma convenção em virtude da qual nos aproximamos das coisas e as submetemos à mensuração. Mas há também uma medida natural, que as coisas possuem em si mesmas. Se a saúde não pode medir-se é, na realidade, porque se trata de um estado de conveniência interna e de concordância consigo mesmo, que não pode submeter-se a outro tipo de controlo. Por isso, faz sentido perguntar ao paciente se se sente doente. Tem-se a impressão de que na capacidade do grande médico intervêm factores da sua mais íntima experiência de vida. Não é apenas o progresso científico da medicina clínica ou a introdução de métodos químicos na biologia dos factores que faz o grande médico. São avanços da investigação que tornam possível ampliar os limites da ajuda médica, perante os quais antes tínhamos de nos deter inermes. A arte de curar, porém, inclui não só o bem sucedido combate contra a doença, mas também a convalescença e, finalmente, o cuidado da saúde.

Gostaria novamente de elucidar, num uso linguístico particular, como a conveniência interna, a concordância interior – nenhuma das quais se pode medir – está implicada em todo o lado. Espera-se do médico que ele «trate» o seu doente. «Tratar» significa *palpare*, isto é, percorrer com a mão (a *palpa*) o corpo do doente, cuidadosamente e com sensibilidade, para perceber tensões e crispações que possam confirmar ou corrigir a localização subjectiva do paciente, chamada dor. A função da dor na vida é a de assinalar uma perturbação no equilíbrio desse movimento vital, em que a saúde consiste. Conhece-se bem o problema – sobretudo no dentista – de como é difícil localizar uma dor. Por isso pode, inclusive, «inferir-se» uma dor simplesmente com a mão. Em todo o caso, a acção do médico é uma verdadeira arte, quando alguém tal consegue.

Há uma célebre história do grande Krehl, cujo nome ecoa como um mito nos ouvidos de todos os médicos de Heidelberg. E a história é verdadeira como um mito. Em 1920 introduziu o estetoscópio eléctrico e os estudantes perguntaram a Krehl se este era melhor. «Bem», respondeu Krehl, «os estetoscópios antigos já eram melhores para ouvir. Mas não lhes sei dizer se a sua autoridade basta.» Com a palpação sucede algo parecido. Quem sabe praticá-la percebe logo, e todo o bom médico deve tentar aprender a fazê-lo.

Reconheço que relacionar o «tratamento» com a palpação ([20]) soa um pouco a ensino catedrático. Mas a sapiência catedrática nem sempre é um disparate. Às vezes convém saber esse tipo de coisas. Pois bem, uma vez esclarecida a origem da palavra palpação, continuamos a perguntar: que é na realidade «tratar»? E uma vez mais a linguagem corrente vai além da situação médica. Tratamo-nos entre nós, apesar de não sermos médicos – umas vezes bem, outras mal. Que fazemos na realidade? Em que consiste tratar? Pelos vistos a questão reside em tratar «correctamente» alguém. Significa isto cumprir uma norma ou seguir uma regra? Penso que consiste antes em falar ao outro de bom modo, em não o forçar, não o incomodar com algo, não o obrigar a aceitar algo, por exemplo, uma medida ou uma prescrição. Quer se trate da forçosa aplicação das normas dos aparelhos de medição modernos, do despotismo educativo de um funcionário escolar ou da fúria autoritária de um professor ou de um pai, qualquer destas situações significa desconhecer o outro no seu ser-diferente. Só então se poderá orientá-lo um pouco para que saiba encontrar o seu próprio caminho. O tratamento implica também conceder liberdade de decisão e não apenas formular prescrições ou passar receitas. No fundo, o médico entende com toda a clareza quando se lhe diz: fulano ou beltrano está sob meu tratamento. Isto significa assumir uma certa responsabilidade, mas também exercer uma certa solicitude que deixa lugar à liberdade. Nenhum médico deveria pretender dominar o paciente. Deve aconselhá-lo e ajudá-lo, quando pode; mas também deve saber que o paciente apenas estará sob o seu tratamento até se recuperar.

Todo o tratamento está ao serviço da natureza; o termo «terapia», que vem do grego, significa serviço. Também isto

---

([20]) O autor alude à relação linguística entre 'tratamento' (*Behandlung*) e 'mão' (*Hand*). (*N. T.*)

exige uma forma de poder que não se dirige apenas contra a doença, mas se orienta também para o doente. Por isso, em todo o tratamento deve haver cautela e consideração. O médico deve inspirar confiança na sua competência, mas não deve pôr em jogo a autoridade, quando deseje tê-la. Por isso, os cirurgiões podem ser tão sinistros quando afirmam: «Vamos tirar-lhe isso.» Semelhante modo de falar pode entender-se porque a cirurgia moderna se pratica, efectivamente, como um artesanato muito elaborado. E, no entanto, o médico sabe que está a lidar com um organismo humano e – sobretudo o cirurgião – deve ter em conta que, às vezes, está em jogo a vida ou a morte. Em definitivo, insistimos em que a verdadeira prestação do médico não consiste em fazer algo. Ele pode efectuar certos contributos ao controlo da saúde, pode contribuir para devolvê-la. Mas que é, na realidade, a saúde, essa misteriosa entidade que todos conhecemos e que, de alguma maneira, também desconhecemos, devido ao carácter quase milagroso de estar são?

Ao falar do tratamento, procurei deixar claro o que efectivamente se exige do médico. Desde logo, tratar não significa dominar a vida de um homem. «Dominar algo» é porventura uma das expressões favoritas do mundo moderno: por exemplo, fala-se de dominar uma língua estrangeira ou, na medicina moderna, de dominar uma doença. A expressão é, sem dúvida, correcta; mas sempre com uma limitação. Os limites estão em toda a parte. Temos razão, por certo, quando, após realizarmos algo conforme as regras, afirmamos: «Isto já sabemos». No entanto, em definitivo, trata-se de algo mais; não apenas de um caso de doença. Não é, pois, nada cómico – e é assaz horrível – que, ao entrar numa clínica, percamos o nosso honrado nome e recebamos em troca um número. Tal tem a sua lógica: é necessário que sejamos encaminhados para um determinado serviço, pois vai-se à clínica para uma consulta. Finalmente, acabamos por saber que se trata de um «caso» de algo.

Não é por acaso que todas estas descrições preparatórias se demoram nas experiências que vivemos como doentes. O nosso tema é «o mistério da saúde». Mas ainda estamos a focá-lo do lado oposto. Inclusivamente, quando se afirma que se conseguiu dominar uma doença, em definitivo, o que acontece é que a doença foi separada já da pessoa e passou a ser tratada como um ente próprio com o qual é necessário acabar. Isto ganha um sentido especial quando se pensa em grande escala, por exemplo, no caso das grandes epidemias, cujo controlo a medicina conseguiu em tão vasta medida. Sabe-se muito bem que tais epidemias representam muitos doentes individuais que foram suas vítimas. Em todo o caso, são como um ser com vida própria. Os homens devem fazer o possível para quebrar a sua resistência, ainda que finalmente ressurjam em qualquer outro lugar novas forças de ataque da natureza. No final das nossas considerações, chegar-se-á à conclusão de que a saúde está sempre dentro de um horizonte de perturbações e de ameaças.

Mas cada doença individual tem um contexto particular, pois em cada qual intervêm todas as fontes de erro peculiares dos seres pensantes. Não nos sentimos bem; imaginamos algo. Quem depara com dificuldades na sua profissão pensa geralmente que irá logo surgir todo o tipo de perturbações somáticas, em virtude de o trabalho não correr bem. Aqui, em Heidelberg, a medicina psicossomática não é totalmente desconhecida e tem o mérito geral de ter conseguido que o médico se torne cada vez mais consciente de em que medida ele depende da colaboração do paciente e até que ponto os resultados mais comprovados dependem, por sua vez, de factores individuais que nos surpreendem.

Não me compete falar de coisas que outros conhecem melhor do que eu por experiência própria. Mas, na realidade, a medicina é apenas um dos aspectos da vida social que nos levantam problemas através da ciência, da racionalização, da automatização e da especialização. A especialização, sobretudo, brotou de necessidades concretas. Mas quando se ancilosa, para se transformar numa série de hábitos rígidos, converte-se num problema. O desenvolvimento de semelhante ancilose tem as suas raízes na natureza humana; mas na cultura científica da era moderna, conduziu a formas de vida que automatizam, em grande medida, a existência do indivíduo.

Que possibilidades temos, então, quando se trata da saúde? O facto de a consciência se retrair de si reside, decerto, na vitalidade da nossa natureza, e por isso a saúde se mantém oculta. Mas apesar do seu carácter recôndito, ela transparece numa espécie de bem-estar e, mais ainda, no prazer de nos sentirmos bem, de nos mostramos empreendedores, abertos ao conhecimento e esquecidos de nós, mesmo quando experimentamos as fadigas e os esforços – isto é a saúde. Não consiste numa preocupação crescente pelos próprios estados oscilantes nem em engolir comprimidos a contragosto.

O que torna necessário o tratamento médico é a perturbação da saúde. A conversação faz parte desse tratamento; domina a dimensão decisiva de toda a acção médica, e não apenas na psiquiatria. A conversação humaniza a relação entre dois indivíduos que são fundamentalmente diferentes, o médico e o paciente. O estabelecimento destas relações desiguais é uma das tarefas mais difíceis entre os homens. O pai e o filho, a mãe e a filha, o professor, o jurista, o sacerdote, em suma, o profissional – todos sabemos, sem dúvida, como é difícil entendermo-nos.

Pensemos apenas se tem sentido perguntar: «Sente-se doente?» Seria quase ridículo perguntar a alguém: «Sente-se saudável?» A saúde não é apenas um sentir-se, mas estar--aí, estar-no-mundo, é um estar-com-os-outros, um sentir-se satisfeito com os afazeres da vida e manter-se activo neles. Mas demandemos as experiências contrárias em que assoma o oculto. Ora bem, que resta quando medimos e devemos submeter tudo o que foi medido a um exame crítico, porque, no caso individual, os valores estandardizados podem desorientar?

Uma vez mais a linguagem indica a direcção correcta. Tínhamos já visto que o objecto, a resistência e a objectivação estão muito relacionados entre si, porque constituem os elementos rebeldes que se imiscuem na experiência humana da vida. Por esta razão, o mais claro é imaginar a saúde como um estado de equilíbrio. O equilíbrio é um equivalente da ausência de gravidade, uma vez que nele os pesos se compensam. A perturbação do equilíbrio só pode evitar-se com um contrapeso. Mas toda a tentativa de compensar uma perturbação através de um contrapeso significa simultaneamente a ameaça de uma nova perda do equilíbrio no sentido contrário. Basta recordar o que sentimos ao sentarmo-nos, pela primeira vez, numa bicicleta: com que força nos agarrávamos ao guiador para orientá-lo na direcção contrária quando o veículo se inclinava e estávamos quase a cair para o outro lado.

A manutenção do equilíbrio é um modelo muito ilustrativo para o nosso tema, porque ostenta o perigo presente em toda a intervenção. Numa bela passagem das suas *Elegias de Duíno,* Rilke diz: «Como o incessante muito pouco se transforma no vazio demais». Eis uma óptima descrição da forma como se perde o equilíbrio por forçá-lo, através de uma intervenção excessiva. O cuidado da saúde, tal como o tratamento médico consciente, é regido por essa experiência. Conduz à prevenção contra o consumo desnecessário de medicamentos, porque é imensamente difícil acertar com o instante exacto e com a dose correcta, neste tipo de intervenção. Vamo-nos assim aproximando cada vez mais do que é, na realidade, a saúde. É o ritmo da vida, um processo contínuo em que o equilíbrio se estabiliza sempre de novo. Todos a conhecemos. Aí estão a respiração, o metabolismo, o sono – três fenómenos rítmicos cujo decurso suscita vitalidade, descanso e energia. Não é preciso ser um leitor tão desmedido como se diz que foi Aristóteles, que afirmava: «Sai-se para passear – por causa da digestão». Pode sair-se para passear também por outros motivos ou sem motivo. Mas Aristóteles era assim. Conta-se que, permanentemente, lia de noite e que, para não adormecer, costumava ter na mão uma esfera de metal sobre uma bacia também metálica. Quando adormecia, a esfera encarregava-se de o acordar e ele continuava a ler.

Ora bem, na realidade, estas funções rítmicas não são domináveis, ocorrem connosco. O sono, em especial, é algo particularmente misterioso; é um dos maiores enigmas na nossa experiência vital humana. A profundidade do sono, o súbito despertar, a perda do sentido do tempo, a ponto de não sabermos se dormimos umas horas ou a noite inteira, são realidades estranhas. O adormecer é talvez a invenção mais genial da natureza ou de Deus – a perda progressiva da consciência, de tal forma que nunca podemos afirmar: «Agora já durmo». O despertar é mais difícil, pelo menos na forma antinatural de vida própria da nossa civilização, na qual se torna muitas vezes difícil acordar. Em todo o caso, trata-se de experiências rítmicas que, na realidade, nos servem de suporte e têm pouca semelhança com a acção consciente que se pretende exercer sobre elas quando se tomam comprimidos.

Poderia ainda prosseguir-se na análise de todas estas observações para reconhecer, no carácter recôndito da saúde, o mistério da nossa vitalidade. Tal como a vida é, ele roça também a morte. O médico, enquanto especialista, é precisamente quem está confrontado com este duplo aspecto da nossa existência. Por isso, todos os médicos fazem o juramento hipocrático. Mas também se sabe até que ponto pesam sobre a sua consciência o aparelho da nossa civilização, a experiência da morte e os problemas relativos ao prolongamento da agonia. Platão diz algures que não se pode curar o corpo sem conhecer a alma – mais ainda, sem conhecer a natureza do todo. Não se referia assim à totalidade no sentido de um lema metódico, mas à unidade do próprio ser. É o todo dos movimentos das estrelas, do clima, da composição da água, da natureza das sementeiras e dos bosques, que rodeiam o estado geral do homem e os riscos a que este se vê exposto. A medicina parece ser uma verdadeira ciência universal, especialmente se a esse todo se soma o todo do nosso mundo social.

Talvez seja conveniente voltar a resumir os nossos pensamentos sobre o tema recordando uma famosa sentença de Heraclito: «A harmonia oculta é sempre mais forte do que a manifesta.» É uma sentença que imediatamente ilumina e que, no entanto, não diz muito. Pensamos logo no carácter beatificante da harmonia da música, no desenlace aprazível dos enredos sonoros ou na repentina realização de uma vivência mental. Mas a sentença só alumia quando se pensa na harmonia dos humores, como se dizia na medicina antiga. A harmonia da saúde mostra a sua verdadeira força ao evitar que nos alteremos, como acontece diante de uma dor pungente ou da paralisante loucura da embriaguez, que evidenciam ou produzem realmente uma perturbação.

Chego ao fim. O filósofo tem sempre a tarefa de afastar das coisas concretas e de, no entanto, trazer à consciência o que, por fim, esclareça algo. Por isso, pode aqui ter ficado claro até que ponto o tratamento médico está ligado ao tema da totalidade. Não se trata da simples coincidência de causa e efeito, de intervenção e êxito, mas de uma harmonia oculta, cuja recuperação é o que importa e na qual radicam, em definitivo, o milagre da convalescência e o mistério da saúde. Tal harmonia significa segurança.

Gostaria de terminar com esta afirmação: os homens, como todos os seres vivos, vivem, decerto, defendendo-se dos contínuos e ameaçadores ataques à sua saúde. A totalidade do sistema de mucosas do organismo humano é como uma enorme represa que retém tudo o que, de outro modo, nos invadiria com os seus elementos daninhos. Apesar de tudo, não nos mantemos numa permanente actividade defensiva. Nós próprios somos natureza, e a natureza que há em nós encarrega-se da defesa do sistema orgânico do nosso corpo, ao mesmo tempo que preserva o nosso equilíbrio «interno». Tal é a única e mútua solidariedade da vitalidade. Apenas se pode estar contra a natureza quando se é natureza e quando a natureza está em nós. Nunca devemos, pois, esquecer que o doente e o médico devem estar de acordo em conceder a honra à natureza de cada vez que se consegue uma cura.

Autoridade e liberdade crítica

Uma vez que me pedem para falar sobre o conceito de autoridade, devo esclarecer que a minha contribuição apenas pode ser a do filósofo, quer dizer, a de quem tem de justificar o conceptual – e o faz com base naquilo que, no fundo, todos pensam. Pois o que no fundo todos pensam encontra-se, por assim dizer, depositado na linguagem e ao alcance do entendimento. Começarei, então, pela elucidação da palavra autoridade e do seu domínio circundante.

É muito esclarecedor aquilo que me aconteceu uma vez com a minha secretária, quando utilizei a palavra «*autoritativ*» (autorizado) com a intenção de estabelecer uma diferença em relação a «autoritário». Ela nunca ouvira a palavra – o que prova até que ponto o termo «autoritário» desalojou o outro. Este ocultamento da palavra «autorizado» em alemão corrente é muito eloquente. O termo utiliza-se cada vez menos na linguagem quotidiana e só se faz nos casos em que aceitamos uma declaração, um juízo ou o que for, sem discutir. Em alemão, a palavra «autoritário» é de origem muito recente e foi, evidentemente, buscar-se ao francês. A sua primeira utilização em alemão reflecte uma fase extraordinariamente interessante e importante do nosso destino político. O termo foi introduzido no nosso século, nos finais da década de 20 ou no início dos anos 30, pelos neoconservadores, que, nessa altura, estavam convencidos da debilidade da Constituição de Weimar e da necessidade de uma autoridade mais forte por parte do governo. Tratava-se de um círculo activo a que pertenciam homens como Zehrer, Nikisch e outros, que a seguir foram afastados em virtude dos funestos acontecimentos de 1933. Com a tomada do poder por parte de Hitler, a palavra «autoritário» adquiriu a sua má ressonância e quase se poderia afirmar que se fundiu com o conceito de totalitarismo. Este conceito abandona a grande herança da evolução estatal e constitucional que, desde Montesquieu, tende para a separação dos poderes e a defesa das minorias. O conceito de «autorizado», pelo contrário, tem um significado claro e, à sua maneira, de validade atemporal. Podemos falar de uma palavra autorizada ou de uma acção autorizada, por exemplo na área educativa, e isto confere um acento positivo ao conceito de autoridade. Se defendemos que um professor tem falta de autoridade, sabemos que com esta afirmação estamos a assinalar algo que é imprescindível para o processo educativo. Inversamente, não poderíamos dizer educação anti-autorizada em vez de educação anti-autoritária. Não teria sentido algum – dado o carácter imprescindível da autoridade para a educação.

    A consciência pública não aceita de bom grado a autoridade, e por muito boas razões. Todos nos encontramos no solo do Iluminismo moderno, cujo princípio Kant formulou de um modo impressionante: «Tem a coragem de te servires do teu próprio entendimento.» Estas palavras eram dirigidas contra a autoridade das Igrejas e dos governantes e, no fundo, constituíram uma expressão válida das virtudes da burguesia que, na altura, ascendia à emancipação política, após ter descoberto a sua maioridade. No campo da pedagogia, a ressonância positiva pôde muito bem manter-se, pois as crianças não são maiores.

Temos, pois, de partir do termo *autoritativ* (autorizado), tão enraizado no idioma alemão, para poder explicar o conceito de autoridade. Este é o momento oportuno para assinalar que apenas se pode qualificar de *autoritativ* (autorizado) quem não necessita de apelar à sua própria autoridade. A palavra 'autorizado' nem sequer indica a *potestas* que brota da autoridade; indica antes o valor efectivamente reconhecido, e não o exigido. Isto torna-se manifesto no facto de que, por diversas razões, não se pode dizer, na realidade, como se adquire autoridade. Quem, para adquirir autoridade, adopta medidas, declarações ou acções conscientes, visa, no fundo, o poder e encaminha-se para o exercício autoritário do poder. Quem precisa de apelar à sua autoridade – por exemplo, o professor na sala de aula, o pai na família – é porque não a tem. Posso ilustrar isto com o exemplo do meu próprio professor de filosofia, o famoso representante da escola neokantiana de Marburgo, Paul Natorp. Como jovem professor, Natorp não conseguiu impor a sua autoridade na sala de aula. Tinha uma voz fina e a sua aparência não era muito imponente. Tornou-se, pois, um célebre filósofo – e como membro eminente da escola de Marburgo foi uma autoridade, na altura em que estudavam em Marburgo homens como Nicolai Hartmann, Ernst Cassirer, Boris Pasternak, Vladislav Tatarkiewicz, Ortega y Gasset ou T. S. Eliot.

Aqui trata-se, sobretudo, da autoridade do médico. Gostaria, por isso, de partir de um facto que, a meu ver, é fundamental para o que se segue: o ponto de partida não será a autoridade detida pela instituição, portanto, o prestígio profissional do médico, por assim dizer. Acho que é ao contrário: o doente espera, mais ainda, reclama a autoridade do médico. Trata-se quase de uma exigência.

Uma experiência engraçada pode ilustrar esta afirmação. O prestígio do professor universitário era ainda muito elevado nos inquéritos de opinião realizados em meados deste século, inclusive durante e depois da nova onda da revolução industrial que percorreu o mundo da cultura. Este facto foi para mim tão surpreendente quanto gratificante, até que um dia fiquei a saber, pela boca de um sociólogo muito experimentado, que os inquéritos não se referiam ao professor universitário em geral, mas ao médico. A fé na autoridade do médico manifesta-se na população a tal ponto que, na clínica, se reclama a presença do professor. Disto pode deduzir-se que não é tanto a *potestas*, a faculdade de dar instruções ou uma posição de poder enquanto tal, que fundamenta a exigência de autoridade, mas uma expectativa de carácter muito diferente. Refiro-me à expectativa de que apenas um conhecimento superior e um poder baseado no saber podem ajudar o paciente.

Deparamos aqui com uma realidade incontestável, que a própria natureza criou. Há superioridade e subordinação. A autoridade do pai baseia-se em que o filho olha para ele como se fora um deus. Sabeis isso melhor do que eu. Uma vez, vivi um episódio muito sintomático que demonstra como a subordinação infantil, a necessidade de reconhecer a autoridade, se torna também manifesta no caso da relação com o professor. A minha filha de cinco anos ouviu o director da escola secundária de Marburgo declarar ocasionalmente, durante uma conversa à mesa: «Não sei». A seguir, inclinou-se para mim e sussurrou-me ao ouvido: «É estranho que um professor não saiba!»

Mas não são apenas as histórias infantis nem o testemunho dos pacientes que nos evidenciam a necessidade e a exigência de autoridade. Permitam-me que lhes conte outra história (as histórias são um dos recursos a que os filósofos apelam, quando temem aborrecer os seus ouvintes com um modo de falar demasiado abstracto e conceptual). Após doutorar-me em filosofia, dediquei-me à filologia clássica e, num seminário do meu professor, Paul Friedländer, aconteceu este pequeno incidente. Eu tinha traduzido à minha maneira um determinado conceito usado por Platão e expus a minha explicação. Friedländer respondeu-me: «Não, não é assim; é outra coisa.» Com alguma amargura, perguntei-lhe então: «Como é que sabe?», ao que me respondeu a sorrir: «Quando tiver a minha idade, também saberá.» E tinha toda a razão: fui-me inteirando dessas coisas à medida que me aproximei dos cinquenta anos. Uma vez cometi a imprudência ou – digamos melhor – tive a coragem de mencionar esta história numa conferência, para ilustrar o facto de que, nas ciências do espírito, a autoridade de um legado de saber e poder desempenha um papel muito especial. Houve quem, disparatadamente, me acusasse, por isto, de autoritarismo estalinista. No exemplo por mim vivido divisa-se o seguinte: é inerente à constituição humana fundamental que, mesmo no caso de uma ilustração plena, nem tudo o que devemos ter por verdadeiro se pode basear em provas convincentes e em deduções concludentes. Constantemente – e em última instância – devemos apoiar-nos em algo ou em alguém que mereça a nossa confiança. Toda a nossa vida comunicativa se baseia nisto.

Esta conexão reflecte-se no fundo linguístico que subjaz ao conceito de autoridade. Este provém do latim e está relacionado com a história da República romana. Descreve a posição e a dignidade do Senado romano. O facto de o grémio dos senadores ter tido uma importância extraordinária na condução da República romana, apesar de não ter competência governativa nem a *potestas* sobre os funcionários da República, é um aspecto interessante do direito estatal. Quando muito, o Senado tinha competência para traçar normas gerais, para me servir aqui de um conceito de direito público; mas os poderes residiam nos cônsules, não no Senado. No entanto, este detinha a autoridade.

Onde radica, pois, a autoridade, se a julgarmos a partir desta origem do conceito? Pura e simplesmente no peso do conselho que o Senado dava. Pura e simplesmente no reconhecimento do seu discernimento superior.

A meu ver, isto verifica-se em todos os casos em que a autoridade é efectiva, por se lhe atribuir a superioridade do saber ou do poder, a superioridade do discernimento. Verifica-se, segundo creio, em todos os casos em que deparamos com o sentido positivo de autoridade, no filho perante o pai, no estudante face ao professor, no doente ante o médico.

Ora, não resta dúvida de que, na nossa era científica, a superioridade no saber, mediado pela instituição acumulativa da ciência – importante fruto do Iluminismo moderno – é o fundamento da autoridade. O impulso básico das Luzes consistiu em libertar da fé na autoridade, porque qualquer um podia chegar ao conhecimento, se utilizasse correctamente o seu entendimento. Descartes, inclusive, abre um dos seus livros mais célebres com a paradoxal afirmação de que, de acordo com a sua convicção, nada no mundo estava mais bem repartido do que o entendimento. Quis naturalmente com isto dizer que apenas se chega ao método do uso do entendimento se se pretender ter acesso ao conhecimento. Ora bem, o método e a metodologia são, de facto, características da ciência. Mas tal tem um fundo humano: a autodisciplina, que faz prevalecer o método acima de todas as inclinações, dos pressupostos, dos preconceitos e dos interesses impertinentes que nos induzem à tentação de aceitar como verdadeiro aquilo que mais nos agrada. Nisto se apoia a autêntica autoridade da ciência. Em todo o caso, há também certas instituições, ligadas à *potestas* – e daí a sua autoridade –, que nem sempre são convincentes. Estes factos tornam compreensível que se costume contrapor ao conceito de autoridade o conceito de liberdade crítica. Na realidade, é possível admirar na ciência moderna uma imponente materialização da liberdade crítica. Mas, perante ela, devemos tomar consciência da exigência humana imposta a todas as pessoas que partilham essa autoridade: a exigência de autodisciplina e de autocrítica – uma exigência ética.

Se me permitem invocar, por uma vez, uma autoridade, referir-me-ei, neste caso, à autoridade de Kant. Este, que assinalava a validade incondicional da lei moral como fundamento da sua filosofia, em oposição ao utilitarismo e ao eudemonismo próprios do Iluminismo, descreveu também a forma humana de manifestação da incondicionalidade da lei moral. A sua formulação mais explícita é esta: nunca deves utilizar um ser humano unicamente como meio, deves reconhecê-lo também como o fim que ele é em si mesmo. Trata-se de uma exigência imposta ao nosso amor-próprio e à sua avassaladora violência – o que implica que, pela reverência face ao outro, se torne senhor de tal exigência. Que é a reverência? É um afecto muito dialéctico: reconhece uma superioridade ou, pelo menos, um valor próprio do outro – mas de má vontade! Está relacionado com a auto-humilhação. Usamos a expressão: «Isto impõe-me respeito», quando alguém disse ou fez algo de positivo a nosso ver, algo de que não o julgávamos capaz. Ora bem, o respeito pelo outro implica reconhecer a sua liberdade, e isto exige uma autêntica liberdade da parte de si mesmo: autolimitar-se. Toda a verdadeira liberdade supõe uma limitação e pode, inclusive, exigir a limitação da própria autoridade. Trata-se do problema da autenticidade da liberdade. A liberdade costuma requerer-se como oposta à «autoridade». Mas tal como a autoridade se interpreta erradamente como *potestas*, também a liberdade costuma ser mal interpretada, na medida em que é usada como o seu conceito oposto: o de liberdade dogmática. A liberdade dogmática, podemos dizer, é ambição de poder; é uma falsa segurança em nós mesmos. A liberdade no seu sentido genuíno é capacidade de crítica, e a capacidade de crítica implica e é uma condição fundamental do reconhecimento de uma autoridade superior – e de alguém ser reconhecido como uma autoridade superior. Não existe, pois, na realidade, uma oposição entre a autoridade e a liberdade critica; mas há entre ambas um entrosamento profundo e intrínseco. Liberdade crítica é liberdade para a crítica, e a crítica mais difícil é, sem dúvida, a autocrítica. Nela se baseia a característica do homem de poder vir a reconhecer os próprios limites. Nela se funda também a verdadeira autoridade. A expressão mais imediata da autocrítica é o poder perguntar.

Todo o poder perguntar admite a ignorância e, na medida em que se dirige a outro, é também o reconhecimento do seu possível conhecimento superior.

Tais são os factos básicos de natureza antropológico-moral que, a meu ver, também definem a situação do médico e a posição que este ocupa entre a autoridade que representa e a liberdade crítica que deve conservar. Ele próprio está exposto à tentação de querer pôr em jogo a autoridade, não só por causa da sua real superioridade em matéria de conhecimentos científicos e de experiência médica, mas, justamente, porque se vê impelido a tal por exigência do paciente. Os psiquiatras e os psicanalistas conhecem a tentação de não proporcionar ao paciente uma verdadeira autolibertação mediante o discernimento, mas de lhe sugerir o presumido discernimento próprio. Representam assim apenas um caso especial dentro da situação geral do homem, tentado a usar mal a autoridade de que dispõe.

Para concluir, gostaria ao menos de acrescentar algo concreto. Quem põe em jogo o peso institucional da sua superioridade e o apresenta em lugar dos argumentos, corre sempre o risco de falar de forma autoritária e não com autoridade. Por isso, a máxima confirmação do uso genuíno da autoridade própria é constituída – a meu ver – pela liberdade crítica de, às vezes, se poder enganar e de o reconhecer. Gostaria de terminar com a convicção de que esta liberdade crítica a respeito de si mesmo é um dos factores mais poderosos a partir dos quais se constrói a autêntica autoridade, e graças aos quais permanece sob controlo qualquer abuso seu.

Tratamento e diálogo

Escolhi como tema dois conceitos que caracterizam o domínio da experiência médica: os conceitos de «tratamento» e de «diálogo». Esta escolha obedece ao facto de estar convencido de que a nossa conceptualidade nunca deveria permanecer de todo separada da experiência que se sedimenta na linguagem e que ressoa nas palavras naturais. A importância que os Gregos têm para as fases culturais posteriores do Ocidente reside, a meu ver, em que as suas palavras e os seus conceitos brotam, por assim dizer, directamente da fala. Só muito recentemente é que aprendemos – sobretudo com Heidegger – o que significou a refundição latina da linguagem conceptual grega; e, além disso, o que significou o facto de que só a partir de Mestre Eckhart e de Lutero se tenha aberto para a língua alemã um novo espaço no nosso pensamento e na nossa formação de conceitos.

Gostaria, pois, de começar também pelas palavras. Tomemos o termo *Behandlung* (tratamento): que é que reside já nesta palavra? O médico sabe-o muito bem. Todo o tratamento começa com a mão (*Hand*) que percorre e examina os tecidos, com a *palpa*. – Tive de recorrer a um médico para recordar o termo! Na linguagem do paciente atribui-se excessiva importância ao tratamento, por exemplo, quando se diz que se está em tratamento com alguém. Algo semelhante acontece com a expressão grega *praxis*. Para as pessoas, a práxis representa um domínio de vida e, na palavra, já não se escuta nada relativo à aplicação do saber. A bata branca do médico simboliza, até hoje, o médico na sua *praxis*. Mas as duas palavras escolhidas, tratamento e conversação, deveriam bastar para nos orientar, dada a estreita relação que entre si mantêm. No entanto, o título proposto, que expressa esta relação, induz-nos a pensar que falta o essencial: o diagnóstico e, juntamente com ele, o contributo da ciência, que afirma e interpreta os resultados e em cuja base o médico desenvolve um tratamento. Deste tratamento faz parte o diálogo, a consulta, que representa o primeiro – e também o último – acto comum entre o médico e o paciente e que pode suprimir a distância entre ambos.

Na escolha do tema, tive ao mesmo tempo a intenção de meditar sobre o carácter recôndito da saúde, e considero que este é um tema muito relacionado com o que agora nos ocupa. O tratamento indica-nos, em primeiro lugar, que aqui não se trata de um fazer, de um produzir, embora relativamente ao paciente se fale do seu restabelecimento. Um médico sensato, tal como o paciente, ficará sempre agradecido à natureza, se tiver lugar a sua recuperação. Mas pensemos na linguagem corrente em geral. Diz-se, por exemplo: trata-se, trata-se alguém bem ou mal. Ressoa sempre aqui um peculiar reconhecimento de distância e alteridade. Dizemos que tratamos alguém com cautela, que é preciso proceder cuidadosamente com alguém. Neste sentido, todo o paciente é um caso assim, com quem se deve proceder com solicitude, alguém indigente e extremamente indefeso. Face a esta distância, o médico e o paciente devem encontrar um solo comum no qual possam entender-se, e isto é o diálogo, o único capaz de o instaurar.

Mas o acesso ao diálogo entre o médico e o paciente não é uma tarefa fácil no mundo moderno. O médico de família, que era como um parente próximo, já não existe e a chamada consulta não se presta muito à conversação, O médico não está então livre, ou seja, na sua práxis está já sempre ocupado com uma conversação responsável com outro paciente ou com a atenção requerida por um tratamento. Por sua vez, o paciente é assolado por uma espera angustiante, se não mesmo pelo clima opressivo de toda a sala de espera. A aproximação entre o médico e o paciente tornou-se, assim, muito problemática, sobretudo quando hoje se vai a uma clínica moderna. Para começar, uma perplexidade justificada por se perder o próprio nome e receber, em troca, um número. Assim nos chamam nas clínicas modernas: por exemplo, número 57. Talvez sejam necessidades do moderno sistema de saúde, que aqui não pretendo criticar. Não me compete. Mas tudo isto nos faz tomar consciência das dificuldades com que ambas as partes deparam – o médico e o paciente – para estabelecer um diálogo que inaugure o tratamento e que acompanhe a cura.

Quanto ao tema do diálogo sinto-me até certo ponto competente. Nos meus trabalhos filosóficos procurei dar um contributo ao sublinhar que a linguagem só é em geral o que ela é quando é diálogo, quando se trocam reciprocamente perguntas e respostas. A palavra 'diálogo' implica já que se fala com outrem, que, por seu turno, responde. O príncipe Auersperg chamaria a este diálogo uma «correspondência coincidencial», que manifestamente reside na própria essência da linguagem. Esta só no diálogo é tudo o que ela pode ser. Todas as formas do uso da linguagem são variações do diálogo ou ligeiros deslocamentos de importância no jogo de pergunta e resposta. Há o convite ao diálogo e o entrar-na-conversação, mas quase parece que a conversação é o elemento activo, o agente que em si implica ambas as partes. Em todo o caso, na área da medicina, o diálogo não é uma simples introdução e preparação do tratamento. É já tratamento e prepara uma segunda etapa sua, que deve desembocar na cura. Esta totalidade expressa-se também no termo técnico «terapia», proveniente do grego. «Therapeia» significa serviço. Mas esta palavra não diz absolutamente nada acerca do domínio de uma arte por parte de quem trata alguém; refere-se, antes, à subordinação e à distância entre o médico e o paciente. O médico «nada tem a dizer-nos»; é simplesmente aquele de quem esperamos um serviço e uma ajuda. E ele espera de si mesmo poder prestar tal serviço e que o paciente colabore.

Mas a arte da medicina, no nosso mundo moderno, que é um mundo da ciência, transformou-se num tema reflexivo. Na realidade, já o fora também para os Gregos. Teve de se defender contra todo o saber médico, implantado no povo. Por sua vez, a ciência, em especial a ciência moderna, com as suas estruturas especiais, não pode iludir-se quanto aos limites que lhe foram antecipadamente fixados. O objectivo da arte médica, pelo contrário, é a cura, e a cura não é o pleno poder do médico, mas da natureza. O médico sabe-se um mero ajudante da natureza. Por mais elaborados e técnicos que sejam os nossos meios de tratamento, nem por isso perde validade a antiga expressão da sabedoria médica, segundo a qual «uma intervenção continua a ser uma intervenção», e tal vai muito além da cirurgia. Por isso, é importante ter sempre consciência de que toda a nossa civilização e o seu fundamento, a ciência com a sua capacidade técnica, nos levam a crer que tudo se pode fazer, como quando o cirurgião afirma: «Vamos tirar-lhe isso».

Convém recordar o fundamental e interrogar-nos agora sobre qual o grau de participação da ciência na arte médica. É incontestável e todos podem perceber a razão de se tratar apenas de uma participação. Pense-se simplesmente no modo paradoxal do início. Pergunta-se ao paciente o que é que tem ou o que é que lhe falta. Há que inteirar-se, pois, que algo não está bem. Todo o grande aparato do diagnóstico médico actual consiste em tratar de localizar essa deficiência. Descrevo assim o que a linguagem afirma e quais as experiências concretas que todos, médicos e pacientes, como homens fazemos. Aliás, a arte de curar sempre precisou de ser defendida, em certo sentido, porque nada de visível produz. Uma vez recorri a um antigo tratado sofista sobre o tema, para demonstrar até que ponto o mundo da Antiguidade tinha cons-ciência de que o médico não produz simplesmente algo quando consegue a cura. A saúde depende de muitos factores e, no fim de contas, não se depara só com ela, mas com a reinserção do paciente no seu anterior lugar na vida quotidiana. Esta é a «recuperação» completa que, muitas vezes, ultrapassa decerto as possibilidades e competências do médico. Sabemos, através do que hoje se denomina hospitalismo, como pode ser difícil a reincorporação na vida, mesmo naquele que ficou de novo são.

O diagnóstico é, sem dúvida, um afazer da ciência. No entanto, é bastante paradoxal que a atitude do médico seja tal que pergunte: sente-se doente? Este sentir-se-doente e o facto de assim se perguntar atestam já que, quando alguém não está bem, se trata de uma perturbação oculta. Trata-se de algo de que nada se sabe nem se pode saber ainda, de algo que deve ser objecto de um exame. Ora, o médico moderno dir-me-á: sim, podemos sabê-lo. Fazêmo-lo quando examinamos o contexto funcional global da vida no organismo e, talvez, também no domínio psíquico do paciente, e julgamos poder determinar o mal através de medições. Obtemos assim todos os resultados da medição, todos os dados necessários, e comparamo-los com os valores estandardizados. Mas o médico experiiente sabe que se trata apenas de directrizes, que servem para obter uma primeira visão conjunta dos dados. Requer-se sempre a desconfiança e um exame mais pormenorizado do estado do paciente.

Não é estranho que a saúde se oculte de uma maneira tão peculiar? Talvez se deva afirmar que, como indivíduos saudáveis, somos permanentemente sustentados por um estrato mais profundo do nosso inconsciente, por uma espécie de bem-estar. Mas também este surge como oculto. Será o «bem-estar» realmente algo ou, em definitivo, não passará da ausência de dores e do mal-estar? Poder-se-á imaginar um estado de permanente bem-estar? Devo confessar que sempre me pareceu muito estranha a descrição que Aristóteles faz da divindade, a qual está sempre e ininterruptamente presente a si mesma, desfruta de si na sua presença e na presença de tudo o que lhe é facultado na contemplação. Este deus não pode saber, por exemplo, o que é despertar: esse instante em que o «aí» desponta e se torna claro, e tudo o que se relaciona com a manhã. A expectação, a preocupação, a esperança, o futuro, tudo isto reside no despertar, e corresponde-lhe, por sua vez, o mistério do sono e do adormecer, um segredo particularmente enigmático que roça o da morte. Pois ninguém pode sequer «vivenciar» o seu adormecer. E, finalmente, que é que subjaz a este estrutura de sono e morte, do mergulhar no sono, e ao despertar? Penso, com frequência, em certas sentenças de Heraclito sobre a afinidade entre o sono e a morte – e também naquela sua sentença, segundo a qual a harmonia oculta é mais forte do que a manifesta. A saúde é um milagre assim, própria de uma harmonia intensa, mas oculta. Quando estamos sãos entregamo-nos, no fundo, ao que está aí perante nós, e todos sabemos até que ponto qualquer mal-estar, sobretudo a dor, perturba este nobre estado de alerta.

Nos trabalhos do príncipe Auersperg, cuja memória honramos, aprendi a peculiar forma de existência da dor. Ali se lê que a dor é e abarca todo o Eu. E compreendemos também a característica auto-ocultação, própria da dor, que muitas vezes é difícil dizer onde nos afecta. Não é assim tão fácil indicar ao dentista qual o dente que nos dói ou que nos desperta suspeitas. Finalmente, para a correcta aplicação da ciência médica, requer-se algo mais do que perscrutar ou, como se diz agora, «rastrear» o organismo com todos os seus processos. Como velho platónico que sou, gostaria de evocar um contexto reflexivo do *Fedro* platónico:

«SÓCRATES: Lidamos com a retórica como com a arte de curar. FEDRO: Porquê? SÓCRATES: Em ambas é necessário decompor a natureza, a do corpo, numa, e a da alma, noutra, se não queres ter a saúde e a força segundo a maneira tradicional e por simples rotina, mas graças à arte da aplicação de medicamentos e da alimentação, no caso da medicina, através de bons conselhos e de costumes ordenados, das convicções e das virtudes que queres transmitir, no caso da retórica. FEDRO: Segundo parece, assim é, ó Sócrates. SÓCRATES: E julgas tu poder entender a natureza da alma, sem conseguires entender o todo da natureza? FEDRO: A acreditar em Hipócrates, o seguidor de Asclépio, nem sequer podemos entender a do corpo sem tal procedimento.»

Com efeito, os escritos da medicina antiga estão, em larga medida, cheios de descrições das condições ambientais em que se encontra o doente. Entretanto, também nós vamos aprendendo, cada vez mais, que a saúde exige uma harmonia com o meio social e com o ambiente natural. Só isto permite a alguém incorporar-se no ritmo natural da vida. É o que acontece, por exemplo, com o ritmo da respiração ou com a economia da vigília e do sono. Bastará para tal a arte de medir, característica da nossa ciência?

Gostaria de citar novamente um diálogo de Platão, o *Político*. Introduzem-se nele dois conceitos de medição e de medida. E, com efeito, se recordarmos o início da ciência moderna, deparamos com uma enorme mudança de atitude face à medida, que já desponta no alvor da modernidade. Já em Nicolau de Cusa encontramos a proposta de programas completos de medição; mas ele pretende descobrir assim confirmações mais exactas de antigas verdades.

A ciência moderna, porém, olha e reúne todos os resultados das medições como os factos genuínos. Ora bem, as medições obedecem a um padrão que se aplica aos fenómenos, e tal padrão fixou-se por convenção. Aplica-se a tudo o que se mede. Estamos habituados a lidar com ele de forma permanente. O médico também o faz, quando tem diante de si um paciente; mas poucas vezes assim procede consigo mesmo.

Uma vez questionei um médico amigo, que estava doente, sobre o que indicava o termómetro, e ele limitou-se a fazer um gesto de recusa com a mão. Não usava o termómetro no seu próprio caso. Não lhe interessava. Com efeito, há um outro conceito de medida diferente do que impera na área do assim mensurável, e encontra-se no diálogo platónico, o *Político*. Ali se afirma que há uma medida que não se aplica a partir de fora, mas que algo em si mesmo tem. Se quiséssemos expressá-lo em vernáculo, poderíamos dizer: não há apenas o medido [*Gemessene*] por meio de um instrumento de medição, mas também o conveniente ou apropriado [*Angemessene*]. O conveniente não é algo que se deixe medir. Pode, decerto, medir-se a temperatura, mas isso significa avaliar a temperatura medida segundo normas estandardizadas – o que é uma rude normalização. A produção medicamentosa dos valores normais pode ser prejudicial. O conveniente preserva o seu verdadeiro significado justamente por referir algo que não se pode definir. O sistema integral dos processos naturais de equilíbrio do organismo e do meio social do homem tem algo de apropriado. Mas a primazia da mensuração não se verifica apenas na ciência médica. O conceito universal de método, que associamos ao conceito moderno de ciência, é uma forma construtiva de pensar. Pode, por isso, dizer-se que o método constitui em geral o objecto do saber. O que não se expõe a um método e, por conseguinte, a um controlo – revelando-se assim acessível ao exame – permanece numa zona cinzenta, em que não nos podemos mover com responsabilidade científica.

A diferença aduzida entre *metron* e *metrion,* entre a medida e o medido, por um lado, e o apropriado, por outro, ilustra bem a abstracção em que se move a objectivação mediante os métodos de medição da ciência moderna. Facto – afirmou Max Planck – é o que se pode medir. O conceito de medida e de método está evidentemente relacionado com a preferência pela autoconsciência no pensamento moderno. Gostaria aqui de ser mais justo com Aristóteles e de recordar que ele, ao descrever a divindade que está incessantemente presente a si mesma, acrescenta logo que, para nós, este estar-presente-a-si-mesmo é sempre apenas *en parergo*, um «estar-com-algo». Só somos conscientes de nós mesmos quando estamos completamente entregues a algo, que está aí para nós. Só quando aí de todo estamos, podemos retornar a nós mesmos e ser de nós conscientes. O ideal de uma autopresença total e de uma perfeita autotransparência – que corresponderia, porventura, ao conceito do *nous*, ou do espírito, e ao mais recente conceito de subjectividade – é, no fundo, um ideal paradoxal. É o estar votado a algo, vendo-o, referindo-o, pensando-o, supostamente, para a si mesmo poder retornar.

Semelhante retorno interessou-me especialmente em relação com a linguagem da poesia, a cuja experiência é inerente o voltar-se para a materialidade e a sonoridade da linguagem. Mas isto não vem agora a propósito. – Se retomo a minhas considerações, é para regressar aos limites necessários de toda a experiência objectivizante. Aqui vem em nossa ajuda a língua alemã, que nos proporciona o belo par de expressões 'corpo' [*Körper*] e 'corpo vivo' [*Leib*]. Ao empregarmos esta última palavra, temos uma referência imediata a 'life', a vida. 'Corpo vivo e vida' é algo inteiramente diverso do que se pode medir. Em contrapartida, 'corpo', no seu significado mais amplo, nunca se subtrai de todo ao que se pode estabelecer e medir pela objectivação.

Chamar imedível ao conveniente não é uma expressão muito adequada, pois o termo «imedível» apenas nega a cientificação da interpretação dos fenómenos e reconhece, como palavra, os seus próprios limites. O «conveniente» remete, pelo contrário, para uma exactidão autónoma, que não precisa de se definir através da negação de algo diverso. É semelhante à antilógica da percepção, que Viktor von Weizsäcker estudou. Eis uma coisa em que muito aprendi. Também aqui importa libertar-se de um ideal abstracto de construção, se se pretende interpretar adequadamente a experiência.

O mesmo pode afirmar-se – coisa que mal me atrevo a recordar no meio de um círculo de especialistas – acerca dos conceitos de inconsciente e de subconsciente. Também neste caso se trata de conceitos antilógicos, quer dizer, de conceitos que implicam pensar a partir de uma oposição, que eles só sabem descrever mediante tal negação. As considerações que formulei referem-se, no fundo, à total situação do mundo – e à tarefa da nossa civilização de nos reconduzir ao ajustamento em que se equilibra o decurso natural da vida física e orgânica, mas também a saúde mental. O que se pode transformar em objecto e objectivar encontra-se já fora do equilíbrio, inerente à natureza e ao natural, e ao qual é ínsita a conveniência, uma harmonia invisível que, segundo Heraclito, tudo penetra com a sua força.

Neste contexto mais amplo, interessa a experiência da dor e a célebre frase de Goethe na qual afirmava não recordar um único dia da sua vida em que não tivesse sentido dor. Trata-se naturalmente do dito de um homem dotado de uma particular acutilância de auto-observação e de extrema sensibilidade. Mas poder dizer isso demonstra já a firmeza com que podia superar a dor e regressar a um estado de bem-estar. Todos conhecemos a surpreendente história da grave doença de que Goethe padeceu aos vinte e um anos, no momento em que os médicos o deram por perdido. Nesse momento, pediu subitamente água. Como já nada, aparentemente, o podia salvar, os médicos permitiram-lhe que bebesse e, a partir desse instante, iniciou-se o seu processo de recuperação. É possível que hoje possa explicar-se com precisão o efeito dessa ingestão de água no organismo. Não pretendo discutir o facto de que a investigação actual obteve grandes progressos através dos métodos de medição científica e da sua aplicação razoável, nem que sabe muito mais do que nós, os leigos.

Mas chego assim a um ponto que, à medida que envelheço, me ocupa cada vez mais. Creio que o que se segue também foi defendido por ocasião de uma festa comemorativa em homenagem a Viktor von Weizsäcker: penso que as descobertas da medicina psicossomática são mais estimulantes para o paciente do que para o médico. Os homens devem voltar a aprender que todas as perturbações da saúde, desde as pequenas dores até às infecções, constituem, na realidade, acenos para que se trate de recuperar a mesura, o conveniente, o equilíbrio. Ao fim e ao cabo, a perturbação e a sua superação correspondem-se uma à outra. Eis o que constitui a essência da vida. Daqui brota a limitação crítica interna do conceito de tratamento. O médico clínico sabe-o muito bem. Sabe que se deve retirar para dirigir o paciente com uma mão cautelosa e deixar a sua natureza voltar a si mesma.

Aqui se revela a importância do diálogo e da comunidade que este cria entre o paciente e o médico. Não é precisamente o misterioso latim em que os médicos, ao comunicarem a sua observação, sussurram, ocasionalmente, entre si, no decurso de um tratamento, embora não seja a palavra «exitus». Compreendo as razões: não se quer preocupar o paciente indefeso, mas também não se quer renunciar ao conselho de outros médicos. No entanto, deve proceder-se sempre com cautela, para que o tratamento não desoriente o paciente e, pelo contrário, o faça caminhar de novo pelo seu próprio pé. O diálogo que médico e paciente devem travar entre si não possui apenas o significado da anamnése. Esta é uma variante que também faz parte da conversação, sobretudo porque o paciente deseja recordar e falar de si mesmo. Acontece então muitas vezes o que o médico procura, na realidade, como médico: conseguir que o paciente esqueça que é um paciente em tratamento. Quando assim se chega ao diálogo, como quando na conversação nos pomos de acordo com os outros, estimulamos de novo o permanente equilíbrio entre a dor e o bem-estar, a experiência incessantemente repetida da recuperação do equilíbrio. Tal é o diálogo que, na situação de tensão entre o médico e o paciente, pode ser proveitoso. Mas ele só será bem sucedido se for quase exactamente como aquilo que conhecemos na vida comum: entra-se numa conversação que ninguém dirige, mas que a todos nos conduz. Também isto, no fundo, se verifica no tipo de conversação do médico com o paciente. No diálogo socrático, criado por Platão, a conversação parece ser dirigida por Sócrates. (O interlocutor mal é visível.) Também ali, todavia, a conversação deve levar o outro a ver por si mesmo. A aporia, em que ele acaba por se encontrar, é tal que já não sabe que resposta dar. Nem sequer a enumeração dos elementos definidores tem o carácter de um ensinamento ou de uma tentativa de domínio, como se um dos interlocutores soubesse tudo com precisão. O diálogo desloca apenas o outro para a possibilidade de despertar a sua própria actividade interna, sem voltar a desorientar-se. A esta actividade interna chama o médico «colaboração».

Aprendemos um pouco esta relação com o ver por si mesmo também na escola fenomenológica, fundada por Husserl. Acho que estamos em presença de um desenvolvimento duvidoso sempre que se infiltram no comportamento linguístico modos de pensar tecnológicos, ou se concebe a linguagem como um seguimento de regras. É inegável que muita coisa na vida linguística se pode assim descrever; e importa não desconhecer as possibilidades de expressão abertas pelo seguimento inconsciente de regras por quem possui competência linguística. Mas o verdadeiro milagre da linguagem consiste em conseguirmos – talvez contra todas as prescrições – encontrar a palavra exacta ou em receber do outro a palavra justa. Tal é o «correcto». Gostaria, pois, de ver isto em acção também no âmago da nossa própria conversação, de modo a reintegrarmos a autodisciplina teórica – que nos capacita para a ciência – nessas forças que denominamos «razão prática». Assim se chama, desde o século XVIII, o que os Gregos conceberam com a palavra *praktiké* e com *phronesis,* essa vigilância adequada a uma situação em que confluem o diagnóstico, o tratamento, o diálogo e a «colaboração» do paciente. O que se desenrola entre o médico e o paciente é este estar-alerta, a tarefa e a possibilidade do homem, a capacidade de captar bem a situação do momento e de, nesse instante, entender e corresponder apuradamente ao homem que nos confronta. A partir daqui compreende-se logo o que é o diálogo terapêutico. Nenhuma conversação é assim só por visar, mediante o diálogo, a meta verdadeira, ou seja, restabelecer no paciente o fluxo comunicacional da vida da experiência e voltar a pôr em andamento os contactos com os outros, dos quais o psicótico está patologicamente excluído.

O mistério da saúde permanece recôndito. Da sua preservação faz parte o ocultamento, que consiste no esquecer. Uma das grandes forças curativas da vida é a possibilidade de sucumbir, todas as noites, ao sono reparador que permite o esquecimento. Não poder esquecer é uma grave doença; não é uma capacidade. Queria contar-lhes um breve conto, que gira à volta de um alquimista. Segundo se diz, aconteceu em Dresden, onde se inventou a porcelana, quando se procurava produzir ouro.

Na corte, ganha-se bem. Passados muitos, muitos meses, o soberano perde a paciência e exige que lhe mostrem algo. O alquimista informa-o, então, que acaba de terminar as suas experiências. A corte reúne-se para presenciar a experiência. Mas, antes de começar, o alquimista diz-lhes: «Vejo-me obrigado a impor a todos os presentes uma única condição: enquanto durar a experiência, ninguém deve pensar num elefante...» Se alguém ainda não sabe, tente imaginar como é difícil não pensar em algo quando nos impõem que o façamos. A piada é cheia de sentido. Por trás de tudo está, evidentemente, o poder fabricar ouro – o que é impossível. «Poder» esquecer enquanto arte, que se domina, não é menos impossível. Os limites do que se consegue dominar não representam a totalidade daquilo de que a nossa vida e a nossa prosperidade dependem. Isto é válido para o indivíduo, para a sociedade, para as associações que os povos formam na sua convivência, e também é válido para a nossa convivência com a natureza.

Todos estamos, por assim dizer, permanentemente a caminho. Há limites do saber e do poder. O saber, e não apenas a capacidade da ciência, significa poder e proporciona as possibilidades de dominação. O homem deve assim impor-se também à natureza. E esta é justamente a situação excepcional do homem: tem de impor-se por sua própria escolha consciente. Nós, seres humanos, não estamos totalmente adaptados ao nosso espaço vital pelos mecanismos dos nossos instintos e das nossas reacções. É esta precisamente a nossa natureza: temos de impor-nos à natureza, na medida do possível. Mas é inerente à natureza do homem manter-se – em todo o seu saber e poder – em consonância com a natureza. Tal é a antiga sabedoria dos estóicos. Valerá apenas para os filósofos? Creio que não. Nunca me sinto bem quando alguém atribui ao pensador a pretensão de saber o que ninguém sabe ou conhece, e até de algo que pode vir a ser. Creio que o pensamento filosófico consiste unicamente em elevar a um grau maior de consciência o que todos sabem. Mas isso também implica que eles não sabem tudo e que, portanto, estamos menos expostos ao abuso do seu suposto saber e poder.

Vida e Alma

Para todo aquele que se dedica à psicologia continua a ser importante a filosofia e, sobretudo, o estudo dos inícios mais remotos do pensamento grego. Eis o que gostaria de demonstrar nesta conferência. O tema escolhido, «Vida e alma», é por certo um grande problema, ao qual se pode replicar só com as palavras de Sócrates: «*ou smikrón ti*» – «não se trata de uma ninharia». Como se verá, o tema não prossegue com «consciência, autoconsciência e espírito». A partir de uma certa pré-compreensão, poder-se-ia resumir a relação entre a psicologia e a filosofia da seguinte maneira: já não existe uma disciplina filosófica que se chame psicologia. Chegou ao fim com a célebre crítica de Kant à *psicologia rationalis* e, sobretudo, com a reelaboração – em si grandiosa – que Mendelssohn fez do *Fédon* de Platão. Já não se discute que a imortalidade da alma se possa demonstrar a partir de simples conceitos, como ainda tentou fazer Mendelssohn, na sua ousada reinterpretação do *Fédon*. O próprio idealismo alemão indagou outro aspecto, quando procurou reintegrar não apenas a psicologia, mas todas as ciências em geral na filosofia. Este empreendimento de Schelling e de Hegel foi, em certo sentido, desmesurado, e desencadeou, por isso, um contra-ataque por parte das ciências experimentais que, no século XIX, ameaçou deixar a filosofia só na forma da psicologia.

Sou natural de Marburgo. Um dos grandes acontecimentos da vida académica alemã deu-se quando Hermann Cohen, eminente membro da escola neokantiana de Marburgo, passou à reforma e lhe sucedeu Eric Jaensch, um psicólogo experimental. A sensação foi geral e, com efeito, o acontecimento marcou uma data importante, porque a partir de então os psicólogos e os filósofos acordaram em que não se devia prosseguir em semelhante destruição da filosofia. Convinha antes criar algumas cátedras de Psicologia. Mas a herança empírica do idealismo alemão deixara profundos vestígios, tanto na filosofia como na psicologia experimental, porquanto os temas da consciência e da autoconsciência continuaram a ser determinantes. Na realidade, toda a história do espírito durante o século XIX consistiu numa superação expressa dos limites da consciência, graças a Schopenhauer, a Nietzsche, a Freud e a todos os que enveredaram por essa direcção. Não apenas no fenómeno do sonho, mas também com a sua ajuda, todo o mundo nocturno, que denominamos mundo do inconsciente, se converteu num novo tema. A expressão «inconsciente» é como que um último testemunho do domínio da ideia de consciência no pensamento. O tema «Vida e alma», por mim escolhido, é neste ponto quase uma profissão de fé. Todo o conhecedor da Antiguidade sabe que estas duas palavras significavam quase o mesmo para os Gregos. O certo é que, por esta via, o conceito de vida passou a ocupar o centro da filosofia no nosso século.

Em rigor, não sabemos o que significa realmente a palavra alemã *Seele* (alma), na qual se condensou tanta experiência. Não existe nenhuma etimologia convincente deste vocábulo. Por conseguinte, o termo afasta-se de toda a série de palavras que, noutros idiomas, desembocaram em *animus*, anima, alma, *l'âme*, etc.. O facto de que também a psicologia actual julgue poder assinalar um ponto essencial nos conceitos de «vida» e «alma» implica uma afirmação bem determinada. A viragem fenomenológica da filosofia desempenhou aqui um papel nada insignificante. Nomes como os de Husserl, Scheler e Heidegger, tal como a hermenêutica filosófica, exerceram a sua influência nesta direcção.

Pode, por isso, ser conveniente que nos detenhamos um pouco mais na sedimentação de mundo e de experiência da vida, que reside nas palavras. Para começar, mencionarei duas palavras alemãs cujo significado se relaciona com o vocábulo grego *psichê*. Todos podem perceber que a palavra alemã *Leben* (vida) tem algo a ver com *Leib* (corpo), e que a própria língua estabelece uma estreitíssima relação entre corpo e vida. No germânico era a mesma palavra. E no termo grego *psychê* ecoa a mesma relação: é o hálito, a respiração, esse elemento incompreensível que separa, de modo inconfundível, os vivos dos mortos. Em grego há duas formas para expressar a vida e de ambas fazemos uso: *zoé* e *bios*. Não é nada fácil estabelecer a diferença entre ambas e, no entanto, todos sabemos que quando dizemos zoologia não queremos significar biografia. Mas o facto de não usarmos uma pela outra implica já a ideia fundamental de que *bios* é a vida que se exibe a si mesma ou que é compreensível para outros.

Quando, pelo contrário, se parte da suposição de que temos de nos referir ao corpo, ao hálito, ao alento, à respiração, percebe-se que as palavras conduzem a um problema fundamental, um problema que ocupa tanto a neurofisiologia moderna como – desde há muito tempo – o pensamento filosófico. É o problema actual do movimento próprio. Não é necessário ser filósofo para saber que uma das experiências fundamentais com que deparamos no ser vivo é o movimento próprio. A filosofia grega chamava assim (*heauto kinoun*) àquilo que se move a si mesmo. Aristóteles levou este termo às suas diferenciações conceptuais mais subtis. Temos, pois, de nos interrogar como é possível que aconteça algo que, no resto da experiência, não acontece: nada se move sem que exista outro movente. Isto é tão evidente que falar do «automóvel» é uma formulação conscientemente paradoxal. De resto, na moderna neurofisiologia, a percepção do movimento próprio parece ser muito diferente da do facto de ser movido por outro. E encontrar-se – também neste aspecto – perto do enigma da vida é uma espécie de desafio do pensamento.

Se a linguagem nos proporciona uma relação entre hálito, respiração e vida, a singularidade do homem tem de poder caracterizar-se também de outra maneira. Pelo menos desde os pitagóricos que o conceito de *psychê* se relaciona com o de *anamnesis*, quer dizer, com o reino da recordação e da memória. Os Gregos empreenderam uma espécie de esforço para dominar este âmbito com o pensamento. Recordo que, no *Fédon* de Platão, à pergunta sobre a imortalidade da alma, não basta aduzir o ciclo periódico do acontecer natural para explicar o destino da alma, e que por este motivo os interlocutores de Sócrates – e o próprio Sócrates – evocam a recordação do antes visto e, assim, a misteriosa faculdade de pensar em geral.

Acede-se deste modo a uma nova dimensão do ser. De que se trata, na realidade? Fala-se da *mneme*, da *memoria*, que está firmemente programada nas características vitais dos seres vivos e nos seus instintos. Mas a *anamnesis*, o lembrar-se, é manifestamente outra coisa. Apesar de estar relacionada com a *mneme*, parece reservada especificamente ao ser humano. A recordação, a *anamnesis*, é uma forma do pensamento, do *logos*, quer dizer, da procura. Acontece-nos a todos ter uma palavra na ponta da língua e, no entanto, vermo-nos obrigados a procurá-la e quase nunca encontramos a que é justa. Mas poder procurar e acabar por saber, quando se encontrou o que se procurava, é a característica do homem. Hegel encontrou, numa determinada altura, algumas imagens de esplêndida força para representar este plano do ser. Fala da «noite da conservação». Tal é a *mneme*, em que tudo o que se experimentou mergulha e perde a sua presença – e, no entanto, apesar de não estar presente pode de novo vir à luz. Por isso, a noite da conservação está misteriosamente ligada ao verdadeiro poder do humano, que consiste em ser capaz de extrair o que está mergulhado e que já é em si mesmo um estar a caminho da linguagem.

Que é esse poder e a sua capacidade? Os Gregos deram os primeiros passos no pensamento. Num diálogo platónico, o *Cármides*, há um passo interessante em que creio reconhecer uma alusão a Heraclito. Ali se diz que a *dynamis*, a capacidade, é sempre capacidade para algo. Pode existir uma capacidade para si mesmo? E o que é uma capacidade para si mesmo? Pressente-se a verdade de que todas as capacidades, todos os dons que possuímos, são sempre capacidades para nós mesmos. Talvez se trate da verdadeira característica de certas coisas, como «mover-se a si mesmo», e também a capacidade de ser para si mesmo. Não se dá o mover-se a si mesmo, o acender-se do aquecido, o brilhar da presença, que experimentamos todas as manhãs? É uma enigmática ausência de transição entre inconciliáveis, entre o sono semelhante à morte e o súbito estar desperto. Diz-se, por vezes, que estamos meio despertos. Mas quando assim estamos, já estamos de todo despertos. Este é o tema que Heraclito apresenta: a vigília e o sono, a vida e a morte sucedem-se sem transição e representam uma unidade indissolúvel.

Se quiséssemos descrever o significado de uma capacidade que sobre si mesma se volta, diríamos talvez: «tenho consciência das minhas próprias capacidades». Este é o conceito de consciência, que domina o pensamento dos últimos séculos e surge contido no termo «reflexão». Reflexão é, em primeiro lugar, uma expressão óptica. Conhecemo-la já desde a filosofia estóica, segundo a qual o mistério da luz reside em que ela ilumina tudo e se ilumina a si mesma. De facto, a luz sem reflexão seria como a noite. É o que ensina a observação aplicada ao brilho da luz, e este conceito de reflexão incorporou-se no pensamento filosófico da Idade Moderna. Chego assim ao problema decisivo neste contexto. Aquilo de que até agora falei eram tentativas tacteantes de um povo altamente dotado para a especulação, com um vocabulário que os Gregos criaram a partir da observação do mundo, para apreender fenómenos marginais enigmáticos como o ritmo do sono e da vigília e o hiato entre a vida e a morte. Reside aqui, de alguma maneira, o mistério da consciência e o problema da autoconsciência. Tudo isto se afirmou acerca da alma; mas que é a alma e que é o pensamento que surge no homem? Os Gregos ensinam, sem dúvida, que não pode haver pensamento sem alma.

Mas que significa pensar? Os Gregos falavam de *nous* e, originalmente, referiam-se à evidência imediata do que se tem diante dos olhos, quer tal se veja com os olhos do corpo ou com os olhos da mente, como acontece com os matemáticos que, em vez de verem a figura que têm diante de si, vêm através dela o verdadeiro triângulo, ou como todos nós fazemos, na medida em que nos entendemos mediante palavras. Extraí-mos as palavras da memória e, ao fazê-lo, vemos algo diante de nós, tal como o matemático vê a sua figura. O *nous* transforma-se assim em pensamento «puro», e Hegel pôde redescobrir o modo supremo do pensamento na metafísica aristotélica, em que ele caracteriza o Deus que move a natureza inteira. O Sócrates platónico abre a dimensão do pensamento puro, ao acolher o conceito de anamnese, proveniente da doutrina pitagórica da transmigração das almas e da correspondente teoria salvífica. Sócrates demonstra que, ao pensarmos, todos realizamos permanentemente a reminiscência. Só quando sobre nós paira algo é que procuramos recordar, até se encontrar o que realmente se procura. Assim se abre a dimensão do passado e, com ela, o sentido do tempo.

Imaginamos possibilidades e devemos escolher entre elas. Isto vale também para a recordação. Queremos recordar algo e lemo-lo – às vezes com grande esforço – na torrente total de imagens e representações que afluem em magote. Isto é pensar: sopesar uma e outra vez (*logizesthai*). Isto é a «alma». Toda a alma está em incessante solicitude. No *Fedro*, a expressão para tal é *epimeleia*. Mas estar preocupado é não estar em si, pois o homem está em cuidado acerca de algo ou de alguém, e só assim se trata de um preocupar-se e, por conseguinte, de algo como a capacidade de a si se referir, e que é justamente a caracterização do *nous* humano.

Para Aristóteles, transforma-se numa tarefa difícil encontrar na *Metafísica* um lugar para o conceito de *nous*. Quer dizer: no quadro de uma física, na ordem do ser. Aristóteles quer assim conciliar o conceito puro do Deus do pensamento com a tradição religiosa dos Gregos; descreve, por isso, o *nous* na sua reflexividade, na sua auto-referência e independência como ser supremo. Nada ser excepto ocupar-se de si mesmo, não depender de nada e em si conter tudo: tal é a divindade. Mas como será o pensamento? Pensar é pensar algo. Somente quem pensa algo pode ter consciência de si mesmo. Mas Aristóteles apenas tem à sua disposição, na língua e no mundo vital do pensamento grego, os conceitos de «fazer» e de «padecer» e, por isso, descreve a vigilância do pensamento como o *nous* activo, que, todavia, nada pensa; mas, enquanto *intellectus agens*, produz a recepção de algo no pensamento. Tem, pois, de afirmar que o pensar do pensar recai em si mesmo sempre apenas à margem do pensar-algo. Partir de um primado da autoconsciência e de uma reflexividade sem «luz» não é um dado fenomenológico. A grande consequência da concepção grega do mundo reside, antes, em reter esta visão dada como o mais elevado modo de encontro da verdade. Tal reflecte-se com toda a clareza na palavra *nous* e no uso linguístico. Vemos, pois, que a viragem dos tempos modernos é que antepõe a tudo a certeza do conhecimento e apoia a inversão do dado fenomenológico. E isso traz consigo consequências de grande alcance.

Quando a reflexão filosófica de Descartes introduziu a diferença entre a *res extensa* e a *res cogitans*, foi a irrupção de uma nova época: a era da ciência moderna. Ambas são substância, quer dizer, não precisam de nenhuma outra coisa para existir; nem mesmo a *res cogitans*. Ela consiste em pensar-se a si mesma. Sobre este fundamento assenta toda a ciência moderna. A certeza de si da autoconsciência é o fundamento inabalável de toda a certeza e, assim, aos olhos da ciência moderna, do verdadeiro saber. Um novo e mais estreito sentido do saber se impôs nos tempos modernos. Nietzsche tem razão ao afirmar que se trata do triunfo do método sobre a ciência e da inversão da verdade em certeza. Tal revelou ser, na ciência galilaica dos séculos XVII e XVIII, a base de todo o enorme edifício da moderna ciência da natureza.

Isto não podia ficar sem problemas marginais que, de vez em quando, fazem valer as suas exigências. O caso clássico é Leibniz. Ele próprio conta como – durante um passeio pelo Rosental em Leipzig – teve de se convencer da inevitabilidade da física galilaica; declarou, todavia, como indispensável a herança aristotélica da enteléquia, relativamente ao fenómeno da vida. São coisas complexas que determinam os nossos destinos espirituais. Assim, por exemplo, o microscópio proporcionou então as primeiras grandes confirmações do elemento vital – quer dizer, da alma –, em todos os seres, quando se tornaram visíveis os infusórios. Foi nessa altura uma sensação incrível. Tudo o que existe é vida e alma, como era evidente para os Gregos. O que existe é um si mesmo (*Selbst*), e é tal porque se refere a si próprio. Assim, o sacerdote suábio Oetinger – contemporâneo de Leibniz e que com ele polemizou – defendeu o conceito da vida na sua significação central e sob o lema do *sensus communis* como sinal distintivo do ser vivo, que é si mesmo em todas as suas partes.

Isto ficou encoberto em virtude da teoria sobre as partes da alma, conhecidas já a partir das tentativas gregas para a descrever. Platão, ao falar dessas partes, propôs-se, decerto, descrever as diferenças que na alma se percebem e chamou-lhes «partes». Mas não tinha, com certeza, como um intérprete moderno, diante dos olhos um computador actual que põe maquinalmente em andamento diferentes funções. Aristóteles assinalou, com toda a razão, o perigo que havia em tomar à letra o discurso sobre as partes da alma. Na alma não há partes, do mesmo modo que existem as partes e os membros do corpo. Pois o vivo, como totalidade que é, está todo nas suas diversas possibilidades. Alguém se abandona totalmente à ira ou estremece de medo no seu todo, e não apenas numa parte da alma.

São vislumbres acerca da constituição ontológica do ser vivo, que continuam a ser básicos para o psicólogo e para o médico. Kant desempenhou também um papel importante ao mostrar, na *Crítica da Faculdade de Julgar*, que devemos pensar o vivo como um organismo único, e não como um trabalho conjunto de partes mecânicas intercambiáveis.

É, pois, inevitável reconhecer que o vivo possui sempre algo da capacidade para si mesmo. Kant mostrou já que nenhum órgão do corpo humano é apenas meio para outro fim, mas que é sempre ao mesmo tempo um fim. Assim se estabelece a unidade de forma diferenciada. Hegel, com a sua peculiar ousadia especulativa, partiu igualmente daqui para indagar a transição da vida para a consciência e a autoconsciência. Diz, por exemplo, que a vida é algo como o sangue em geral. Esta afirmação não se refere apenas à circulação sanguínea, que caracteriza a unidade orgânica dos animais superiores, mas à unidade da vida que tudo imbui. Suprime-se assim o problema da alma, que é una, e o da consciência na sua unidade. Como diz Hegel: a consciência é a unidade de simplicidade e de infinidade. Compreende-se logo que a infinidade constitui a consciência. Pode pensar-se constantemente sobre tudo; a estrutura da autoconsciência consiste precisamente em que, na sua reflexividade, tenha em si inscrito o ilimitado regresso da reflexão. Tal constitui o seu ser como reflexividade. Esta infinidade é, pois, ao mesmo tempo a sua unidade e simplicidade. O que está na consciência não é apenas como tudo o que é banhado pelo sangue geral; está tão unificado que, para mim, é um só. Emprego aqui o famoso termo de Hegel, o ser-para-si [*Für-Sich-Sein*]. Significa que aquilo de que sou consciente me pertence. É para mim. Sou eu quem o viu. Nisto reside outro grande passo em frente. Refiro-me ao passo em direcção à linguagem, para a qual tudo é objecto do meu querer-dizer [*Gemeintes*]. Aproprio-me, na linguagem e no uso das palavras, daquilo de que posso tornar-me consciente. Não vem agora a propósito expor como, a partir daqui, a transição hegeliana da consciência do eu, através do espírito objectivo, se apresenta como espírito objectal, e não se deve olhar apenas como generalidade pensada.

Há uma profunda sentença do médico grego Alcméon que reza assim: «Os homens devem morrer, porque não conseguem fazer coincidir o fim com o princípio.» Que significa isto? Que o sinal distintivo do homem é a carência, a qual o diferencia dos outros seres vivos? A característica do homem consiste antes em ele ser não só «a vida» que a si mesma se reproduz, mas em cada um saber que é alguém que, enquanto indivíduo, tem de morrer como tal indivíduo. Ele não é o sangue comum, que se individualiza numa e noutra circulação do organismo e, em seguida, regressa de novo à circulação geral. Isto significa, no fundo, que só o ser vivo constitui a espécie, e a sentença de Alcméon implica claramente que o homem não é apenas espécie. Tem, por isso, de morrer e quer, pois, acreditar na imortalidade – embora dela tenha de duvidar, no caso de a fé na promessa da sua religião não ser para ele uma certeza. Vimos que também a sabedoria grega confirma esta sentença. O cristianismo é que, na mensagem da libertação da morte, olha a morte de Jesus na cruz como um padecimento vicariante da morte.

Na promessa da ressurreição, o indivíduo ganhou, como em nenhum outro lado, grande preponderância para a sua vida; no âmbito da cultura cristã, mesmo para lá de todas as secularizações, isso conferiu à vida e à morte um peso imenso.

Para outras formas colectivas de vida, fora do cristianismo, as coisas passam-se de maneira diferente – o que decerto trará à futura ordem mundial problemas totalmente novos, que se baseiam na diferença de valor da vida e da morte. Todos estes são aspectos intimamente relacionados com o tema «Vida e alma» e, em última instância, com a questão da imortalidade da alma e com a singularização do carácter individual da morte. Lastrou-se, deste modo, a alma com uma singular distância em relação ao corpo, a qual, na intimidade da consciência moral individual, não deixa lugar algum para «o pensamento do espírito comum». Como se vê, a crença grega na alma não está assim tão longe daquilo que o homem moderno experimenta na sua situação vital, e descortina-se até que ponto a psicologia penetra no domínio da filosofia.

Angústia e ansiedades

A lógica interna da linguagem tem, para todos nós, uma certa evidência. Quando de algum modo se consegue apreender a conexão interna de coisas tão diferentes como a angústia, as ansiedades, o ter medo, o suportar o medo e o perder o medo, também se aprende algo acerca de como a angústia se pode transformar numa doença, sob a forma de uma psicose ou como se lhe queira chamar. Um olhar ao amplo espectro dos fenómenos permite-nos pressentir como que uma conexão de sentido e uma certa lógica.

Para um filósofo marcado decisivamente pelo ponto de partida heideggeriano é quase evidente que, neste tema, sublinhe com força o referido ponto de partida, que também a analítica da existência adoptou no domínio da psiquiatria. Lê-se ali *Ser e Tempo* [*Sein und Zeit*] de Heidegger como uma obra antropológica fundamental – e, decerto, contra o intuito de tal obra. O próprio Heidegger afirmou, sem dúvida, que *Ser e Tempo* contém um rico manancial de conhecimento antropológico. Mas também disse que não fora intenção sua realizar uma contribuição para a antropologia. O seu propósito foi, antes, retomar – dentro de um horizonte novo e mais amplo – a pergunta pelo ser, que a filosofia ocidental define, desde sempre, como metafísica. O papel desempenhado pelo fenómeno da angústia, em *Ser e Tempo* não pretende ser um enunciado antropológico, que poderia ser acompanhado por disposições anímicas mais alegres. Não se trata de a visão que Heidegger tem da existência humana ser demasiado negativa, por se encontrar dominada pela angústia. Na situação originária de angústia do homem, torna-se antes visível a pergunta pelo sentido do ser e do nada. Eis o ponto de partida filosófico, que garante ao tema da angústia a sua profundidade e a sua extraordinária ressonância. Tal como Heidegger a expõe, a angústia é a situação originária fundamental [*Grundbefindlichkeit*] do *Dasein*, do «ser-aí». Ocorreu-me, a propósito, um poema de Logau, um poeta barroco, que sabia do tema:

> *Mal começa a respirar;*
> *e já a nova criança*
> *inicia também o seu choro.*
> *Terá o sol de brilhar*
> *quatro vezes dez dias,*
> *antes de ela poder sorrir.*
> *Oh, mundo, nas tuas coisas*
> *há mais prantos que risos.*

O poema alude a fenómenos originários que, sem dúvida, servem de pano de fundo e caracterizam o ser humano. A angústia está intimamente ligada ao aperto, à súbita exposição ao vasto e ao estranho. Todos guardamos parte dessa experiência primordial em muitas palavras da nossa língua e podemos nelas escutar a sua ressonância. Por isso, parece-me que, em alemão, há palavras como *ungeheuer* (enorme) e *unheimlich* (inquietante), que apontam nessa direcção. *Geheur* significa «em casa» [*daheim*]. A sua negação é *ungeheuer*, que quer dizer estranho e inquietante. Isto implica que não nos sentimos a salvo. O 'enorme' [*Un-geheure*] é uma expressão afectiva para o inabarcavelmente grande e vasto, para o vazio, para a lonjura e a estranheza que, em vista da subsistência da vida e da domiciliação no mundo presente, nos tira o fôlego. *Einhausen* (refugiar-se em casa) era uma das palavras favoritas de Hegel. Para ele, o homem, em virtude da sua constituição fundamental, quer em si sentir-se casa para, longe de toda a ameaça, residir sem angústia no familiar, no que está sempre ao alcance da mão, no conhecido.

Quando falamos assim de angústia, não nos estamos a referir aos fenómenos específicos da antropologia médica, mas a uma constituição básica da vida: a de sair da estreiteza para a vastidão. Na história da filosofia, Schelling tratou esta ideia no seu texto *Vom Wesen der menschlichen Freiheit* (Sobre a essência da liberdade humana), em que diz: «A angústia da vida desloca a criatura do seu centro.» É uma espécie de fio condutor, mais, de comentário involuntário à nossa discussão. Tal afirmação incide na relação entre o que Wolfgang Blankenburg caracterizou como o sentido existencial e o sentido vital ou real da angústia. Traz consigo a pergunta: porque existe algo em geral e não o nada? Ali reside igualmente o que ocupa os psiquiatras, a saber, como a angústia da vida induz às ansiedades. A linguagem não pode confirmar o que levou Kierkegaard e Heidegger a discriminar de todas as ansiedades e fobias a angústia que treme ante o «nada». Afirma isto só quem se interroga sobre o nada como sobre o ser. Mas também pode afirmá-lo quem quer que se solte da garra estranguladora da angústia. A angústia que se desvanece é como uma experiência do nada – e, assim, do ser. Heidegger descreveu de modo impressionante aquilo ante o qual se sentia angústia: «Era nada». Se se pudesse dar-lhe um nome, seria já algo que, como situação fundamental do homem, nos assalta como o «aí» do «estar-aí». É, pois, inerente à questão da filosofia o que significará este enigmático «aí», que definimos como um estar desperto ou consciência.

Esse «aí» é um enigma não só para a filosofia, como também para qualquer mente científica ou profana. É a verdade que já Heraclito pressentira quando, em algumas sentenças dignas de meditação, disse que o homem acende para si mesmo uma luz na noite. A seguir, fala do sono, no qual se roça a morte, e do despertar, em que bruscamente somos arrancados do sono para o estado de vigília; e o milagre da vida consciente está, além disso, relacionado de maneira inalterável com a necessidade de aceitar a morte. Todos temos de o fazer. A morte é para o homem a outra face palpável da vida. Aproxima-nos assim de uma experiência antropológica fundamental: o facto de que o pensamento humano queira reflectir sobre este mistério. Enquanto tal ela é-nos familiar a todos. Quando Schelling afirma que a angústia da vida desloca a criatura, fala, sem dúvida, de «criatura» porque se refere a algo mais originário do que «o conhecimento da morte». É esse algo mais essencial que induz o homem a reprimir a morte. Isto tem uma certa relação com a expressão de Böhme *die Qual* (a dor). Jacob Böhme interpreta a qualidade [*Qualität*] como dor. A qualidade é, em primeiro lugar, o que diferencia um ser de outro. O seu ser consiste na dor de se manter como é, de a si mesmo dar forma [*Gestalt*], para assim desfraldar a sua qualidade.

Estas considerações sobre a angústia confirmam que o medo da morte – um fenómeno que pode ser descrito pelo psicólogo ou psiquiatra, e até por um observador qualquer – é o auge de uma situação originária do homem. Por ter de pensar é que ele se ocupa da morte. Eis o saber imemorial do ser humano.

Refiro-me especialmente à profunda tragédia de Ésquilo, *Prometeu Agrilhoado*. Ainda me lembro: sobre o piano de cauda da minha casa paterna havia uma estatueta: Prometeu, talhado em bronze, com uma águia de prata que lhe comia o fígado. Ésquilo conta na sua tragédia a célebre história da dor que Prometeu teve de sofrer, ao ser agrilhoado. Segundo o mito, Prometeu roubou o fogo do céu e entregou-o aos homens, e assim ensinou-os a trabalhar com ele. Na tragédia de Ésquilo, Prometeu mal menciona o roubo que fez do fogo.

Mas gaba-se, pelo contrário, de ser benfeitor dos homens, esquecidos por Zeus, e de lhes ter concedido a maior graça a que podiam aspirar: ter-lhes tirado a certeza antecipada do momento da sua morte. Esta teria sido a sua verdadeira dádiva. Antes, os homens viviam inactivos e tristes, esperando, no interior das suas cavernas, que chegasse o seu fim, tal como os outros animais que habitam em cavernas. Mas quando ficaram privados da certeza antecipada da hora da sua morte, surgiu a esperança, e assim irrompeu o grande impulso dos homens para a transformação do mundo num lugar habitável. Ésquilo descreve de que modo Prometeu – com o seu roubo do fogo – deu lugar ao desenvolvimento de todas as faculdades humanas e, sobretudo, da *sophia* das artes manuais. Intui-se – e aqui reside o sentido profundo da interpretação do poeta – que esse poder desenvolvido graças à posse do fogo – tal como o mito conta – foi o que, na realidade, levou a que o homem esquecesse a morte. Platão avança um passo na interpretação e põe na boca de Protágoras a ideia de que o fogo desperta o espírito artístico; e até qualifica a cifra que está entre o indeterminado e o uno, quer dizer, a dialéctica, ou seja, a filosofia como a grande nova dádiva.

Mas a interpretação com que Ésquilo enriquece o mito é já muito profunda. Consideremos esta ideia: a certeza acerca do momento da própria morte altera a verdadeira característica do homem, a sua capacidade de prever o futuro, e condu-lo ao contrário, quer dizer, ao embrutecimento, ao fechar-se numa existência nas cavernas. Mas, agora, pode esquecer-se a morte e já não se conta com ela. Melhor, como é impossível fazer cálculos com a morte, o esquecimento da morte nunca é esquecimento e jamais é superação da morte, mas antes vida. Assim, todo o espírito artístico do homem se lança nesse futuro incalculável; mais ainda, em qualquer futuro, calculável ou não, até à experiência da transcendência.

Transparece assim como a angústia da vida, a separação do homem do todo da restante natureza, facultou aos homens no *logos* – como dizem os Gregos –, quer dizer, através da linguagem, a distanciação, de modo que eles consigam imaginar algo e deixá-lo em suspenso. O fundamento antropológico da angústia atesta, pois, a característica de o homem se distanciar de si mesmo. Heidegger divisou aqui, diversamente da autenticidade do «ser-aí», que se prepara para a sua angústia, uma inautenticidade do «ser-aí», de que a vida permanentemente se convence a si mesma. Mas também ela pertence à essência do homem.

O que aqui imediatamente se apreende é a conexão interna entre a angústia e as ansiedades ou todas as fobias. A palavra grega *phobos* traduz-se, normalmente, por receio. Na realidade, o termo está relacionado com o medo, pois indica – literalmente – «ficar com os cabelos em pé». Isto tem a ver directamente com o corpo e com os sentidos. Mas quer se denomine algo como fobia ou ansiedade, esta expressão é apenas uma primeira directriz para o pensamento. Importa ir além dela, e foi assim que Heidegger falou da preocupação. Toda a preocupação é preocupação por algo ou acerca de algo, tal como toda a angústia é angústia diante de algo ou acerca de algo. Por outro lado, a multiplicidade das ansiedades remete para a situação fundamental do homem, que se dissocia por completo dos instintos que diferenciam os restantes seres vivos da superior organização humana.

Quando nos interrogamos porque se verifica um aumento da angústia no nosso mundo actual, a que se deve tal situação? Julgo que o tipo de conhecimento e de certeza que a ciência moderna nos deu, através da experimentação e do controlo, aumentou a necessidade humana de segurança do ser humano. O termo que se utiliza para designar este género de saber provém da sociologia e creio que foi introduzido por Max Weber. Refiro-me à expressão «saber de dominação». Não é uma expressão imprópria. Todos os médicos estarão de acordo em que a expressão «dominar algo» é inteiramente natural. Conhecem também, decerto, os limites desse dominar--uma-coisa, limites que devem experimentar com resignação na sua própria actividade. Mas é de igual modo indubitável que o saber de dominação está estreitamente relacionado com a exigência de segurança. Tal foi a viragem da era moderna, que tem a sua primeira formulação clássica em Descartes e é representada pelo conceito de método. Estamos certos das coisas que conhecemos. Quando converso, ocasionalmente, com investigadores das ciências naturais e me refiro a este tema, a resposta é maciça: Para eles há *factos*! Há aqui uma certa ressonância e é atemorizante. Nós, os filósofos, perguntamos o que são os factos e pensamos na estatística, que nos demonstra de forma permanente a ambiguidade que subjaz a esta afirmação dos factos. Apesar de todos os progressos conseguidos ultimamente no controlo dos fenómenos da angústia de tipo neurológico, continua a ser inegável que a angústia existencial faz parte da vida e da essência do homem, tal como a conhecemos desde tempos imemoriais, por exemplo, sob a forma do medo das trovoadas (que agora esquecemos) e hoje paira «no ar» como algo de atmosférico. Não estará de novo aqui presente essa necessidade de segurança da vida? Pensemos apenas no domínio da política. Nele actua-se como se a angústia em geral, o angustiar-se ou o ter-medo pudesse suprimir-se por completo. Trata-se de um argumento que se utiliza conscientemente em certas situações de decisão política. Mas o aumento da necessidade de segurança não é tudo. A pergunta fundamental que está por trás de tudo é esta: que respostas há para a situação fundamental da angústia vital? O homem constrói a sua vida na preocupação, ocupando-se permanentemente de muitas coisas, de afazeres, e vive na solicitude – para se domiciliar no mundo que ele para si cria. Isto tem hoje os seus problemas. O futuro parece sem saída. Não há dúvida de que as religiões foram, durante muitos milénios da história humana, formas bem sucedidas de adaptação ao mundo. Proporcionavam, por assim dizer, certas objectivações contra a angústia existencial, que coube em sorte a este ser peculiar, arrancado da natureza, que pensa e se interroga a si mesmo. A angústia da civilização actual representa, e não em última instância, uma expressão da ameaça que se inicia – evidentemente – com a própria vida e que encontra a sua manifestação nesse grito próprio do recém-nascido, descrito por Logau. Na nossa civilização, a vida vê-se exposta a uma ameaça sem nome e que é cada vez mais incompreensível. Por assim dizer, já não sabemos o que é que efectivamente domina toda a nossa ordem de existência, sem a nossa intervenção pessoal. O meu antecessor em Heidelberg, Karl Jaspers, denominou a nossa época como a era da responsabilidade anónima. De facto, já não se pode dizer quem é responsável, nem perante quem se é responsável. Nenhum de nós o é. Neste super-organizado e complexo aparelho existencial de hoje, ninguém está em condições de tomar posição, investido com a autoridade de um saber dominante, a respeito dos problemas da nossa civilização que nos preocupam e nos atemorizam.

Há mais. E não apenas porque a substituição das religiões pela ciência não cobre o vazio. Isso percebe-se claramente nos poucos ensaios utópicos realizados pela chamada politização científica da ordem social, cujo colapso estamos a presenciar. Mas este é o terceiro fenómeno que, neste contexto, desempenha um papel importante na nossa discussão. Até que ponto a vida do homem pode suportar a verdade? É uma pergunta formulada por Nietzsche e é, sem dúvida, um dos grandes desafios que Nietzsche dirige à nossa época. No seu desespero perante a incapacidade do Iluminismo moderno e da ciência para responder às perguntas vitais do homem, Nietzsche chegou à desafiante doutrina do «eterno retorno do mesmo». Foi um grande moralista e quis assim expressar que devemos aprender a manter-nos de pé face às situações mais extremas da falta de saída. A seu ver, é esta a nossa verdadeira moral, uma moral que exige o sobre-humano: «Ensino-vos a ser super-homens.»

As minhas exposições e reflexões tentam evocar a conexão entre a angústia fundamental, como situação originária, e as ansiedades que – em todas as suas formas de manifestação – constituem a vida. Isto permitir-nos-á formular a seguinte pergunta: que significa a doença em relação com a angústia? Afirmou-se, com razão, que a angústia não é ainda uma doença. Pode haver psicoses – precisamente a psicose da angústia – em que a angústia se transforma, aparentemente, em doença ou, pelo menos, se manifesta como tal. Qual a relação entre ambas? Falo, claro está, como leigo. Entre as prerrogativas ou a ventura da minha vida conta-se o facto de ter tratado os médicos quase exclusivamente como amigos e raramente como seu paciente. Quando nos interrogamos sobre a verdadeira diferença entre a doença e a saúde, vemos que não se pode determinar a doença com base em todos sintomas, a partir dos quais os valores normativos de uma medição média estabelecem o que é são. As condições marginais não mensuráveis são tantas que fazem perder a sua força às que o são. Os valores normais do indivíduo apresentam margens muito dilatadas. Ora bem, se partirmos da suposição de que a diferença entre a saúde e a doença não é assim tão clara, recordaremos que o clínico (observei isso com muita frequência, nas poucas ocasiões em que precisei de um médico) nos pergunta se temos a sensação de estar doentes. Significa isto que o organismo possui uma espécie de consciência que faculta uma resposta acerca do seu estado geral, a qual evita considerar-nos doentes mediante a imposição de valores normativos.

E como se apresenta isto ao psiquiatra? Tratava-se já de uma típica questão clínica. Grande parte das doenças mentais consiste em não se ter ou em se negar rigidamente essa sensação da doença. Um dos grandes problemas da psicanálise reside precisamente em que só quando já está presente a consciência da doença se pode decidir ir ao psicanalista. Tanto quanto sei, nenhum psicanalista aceitaria como paciente alguém que fosse obrigado a submeter-se a uma psicanálise. A primeira coisa a acontecer é que nos dirijamos ao médico ou ao analista à procura de ajuda, impulsionados pelos sofrimentos que a doença nos inflige. Interrogamo-nos, pois, sobre o que a doença «efectivamente» é, na continuidade entre a agitação permanente das nossas preocupações vitais e o sair do ciclo do inquietar-se e do cuidar de si.

Comparo isso com o fenómeno do equilíbrio. Todos sabem – e, no meu caso, é uma inesquecível recordação de infância – o que foi aprender a andar de bicicleta. É uma experiência surpreendente comprovar que, assim que se aprende, tudo é muito mais fácil do que no momento anterior, quando nos agarrávamos desesperadamente ao guiador. De repente, estabelece-se o equilíbrio e, então, tudo acontece por si – como quando, mais tarde, vemos os jovens deslocar-se a toda a velocidade em bicicleta, com os braços cruzados sobre o peito. Esta imagem serve para ilustrar o facto de que, evidentemente, a móvel escala do esforço e do alívio pertence ao normal do homem; e, por isso, considero que os valores médios têm um lado muito perigoso também na prática da medicina. Em todo o caso, é evidente que existe aqui uma ampla escala de variabilidade. A questão fundamental é a seguinte: qual é essa escala de variações, e que existe nela de contínuo e de ruptura? Temos, por um lado, essa incrível flexibilidade que caracteriza todo a nossa conduta – e porquê então, pelo outro, o colapso? Eu diria que aqui dificilmente existe uma dimensão objectivável do perguntar e do inquirir. É antes uma diferença pragmática entre a doença e a saúde, para a qual ninguém está convidado, excepto aquele que se encontra no estado de sentir-se-doente ou de não poder continuar a cuidar da sua vida e que, por isso, acaba por recorrer ao médico. Finalmente, parece-me que devemos reconhecer e aceitar a situação originária da angústia da vida – e também a morte – como a honra ontológica do homem, tal como a denominou Guardini. A vida que desperta para o pensar e para o perguntar pensa e interroga-se para além de todos os limites. Conhecer a angústia e não poder entender a morte – eis o grito do homem ao nascer e que jamais de todo se extingue.

Hermenêutica e psiquiatria

Desde há muito tempo que a psiquiatria ocupa um lugar especial dentro do todo da ciência médica, tal como a medicina dentro da totalidade das ciências. Como arte médica, mal toca os limites da ciência e vive da sua indissolúvel relação com a *praxis*. Mas a *praxis* não é somente uma aplicação da ciência. Pelo contrário, algo da *praxis* actua sempre sobre a investigação, cujos resultados se devem incessantemente comprovar e conferir na prática. Por isso, há sólidos motivos para que o médico não só não se considere profissionalmente um investigador ou um cientista, mas também não um simples técnico que aplica a ciência e as suas descobertas com o objectivo de «tornar saudável». Eis um momento que aproxima a medicina da arte, momento que não pertence ao que se pode transmitir através de ensino teórico e que corresponde mais à denominação de «arte de curar».

A *praxis* é algo mais do que a mera aplicação do saber. Significa o ciclo vital completo da profissão de médico e não um simples local de trabalho na totalidade do mundo laboral. Possui o seu mundo próprio. Algo semelhante acontece com a jurisprudência, que sempre esteve consciente do lugar especial que ocupava. Mesmo na era da ciência, vacilou muito antes de adoptar o título de ciência do direito e de se separar da própria característica: ser *prudentia*, inteligência legal e arte do direito. Também aqui a práxis é inseparável da ciência. Também aqui se constitui uma clientela e a resistência do «povo» frente aos «rabulistas» – tal como a arte de curar, também ela necessita de uma apologia.

Todavia, a relação entre o médico e o paciente manifesta-se num plano diferente. Precisamente na era da ciência – que é a nossa –, esta outra face da profissão de médico deu motivo a renovadas considerações. Os surpreendentes meios técnicos da medicina moderna induzem sobretudo o paciente a ver apenas um aspecto da acção do médico a que recorrem em busca de ajuda e a admirar o médico pela sua competência científica. A própria necessidade do paciente impele-o a considerar os meios mágicos da moderna técnica médica como o elemento decisivo e a esquecer que a sua aplicação é uma tarefa cheia de exigências e de responsabilidades, de dimensões humanas e sociais de enorme amplitude.

Se o médico, em geral, só de um modo hesitante se pode classificar como cientista, isto verifica-se ainda mais com o psiquiatra. A sua ciência e a sua prática movem-se na ténue fronteira entre os domínios cognitivos da ciência natural e a sua penetração racional no acontecer natural, por um lado, e a confrontação com os enigmas mentais e espirituais, por outro. Pois o homem não é apenas um ser vivo, mas também alguém misteriosamente estranho a si mesmo e aos outros, como pessoa, como congénere, na família e na profissão, com incontáveis e imponderáveis influências e efeitos, encargos e problemas. Há sempre factores imprevistos em acção. Há ainda outros elementos incompreensíveis, que nada têm a ver com as leis do acontecer natural, que uma evoluidíssima investigação vai trazendo cada vez mais à luz.

Ora a arte da compreensão, chamada hermenêutica, lida com o elemento indiscernível da economia mental e espiritual do homem. Em séculos anteriores, o termo hermenêutica, essa douta palavra grega, utilizou-se para o conhecimento do homem, quando se começou a tomar consciência dos limites que a nova ciência surgida nos séculos XVII e XVIII impunha e quando, na época de Goethe e do Romantismo, se reconheceu o profundo enigma que cada homem é para si mesmo e para os outros.

Ora a arte da compreensão desempenha um importante papel em muitos domínios da ciência. Já se falou da sua importância para a cura de almas, para a interpretação da Bíblia e para a jurisprudência e a sua interpretação das leis. Ela intervém em toda a parte, não basta a simples aplicação de regras, e isto vale para todo o âmbito da experiência da convivência humana. Pode acontecer que nós mesmos não nos compreendamos ou deixemos de entender-nos a nós e aos outros. Não é, pois, de espantar que também a filosofia na era científica comece a perceber e a avaliar os limites do seguimento de regras e do poder-fazer possibilitado pela ciência.

Se se deu um passo realmente novo no pensamento filosófico do nosso século, ele consistiu em admitir, no próprio centro da filosofia, não apenas a razão e o pensamento, mas também a linguagem na qual tudo isto se expressa. Não deveria causar estranheza que na era da ciência se pense sobretudo – e já desde há mais de um século – na necessidade de se considerar a linguagem na possibilidade do seu domínio e do seu aproveitamento. Quer isto dizer que a linguagem como mundo dos signos se transformou em tema. A matemática, as linguagens simbólicas por ela criadas e o seu êxito científico serviram de exemplo. Assim se chegou a que a filosofia arvorasse o ideal de uma linguagem artificial inequívoca que, pela sua nítida designação do que é pensado, deve superar todos os *idola fori*. Este objectivo já pairava no ar desde o século XVIII (Leibniz). A meta suprema consistia em aproximar-se – mediante o desenvolvimento da lógica matemática – do ideal da designação inequívoca e em fazer assim da filosofia uma verdadeira ciência. Mas, entretanto, o que se impôs foi, pelo contrário, a produtiva ambiguidade da linguagem natural e a sua inserção na acção humana. Até o ideal de construção de uma gramática gerativa acabou por absorver o princípio da geração. São fascinantes realizações da inteligência e da lógica. Mas elas limitam-se, certamente, ao mundo das formas e da funcionalidade da linguagem, e não se nutrem da riqueza dos conteúdos por ela transmitidos. Na chamada filosofia analítica, apenas se avaliam as dimensões da linguisticidade numa determinada restrição. É algo de semelhante aos interessantíssimos conhecimentos que Lévi-Strauss e os estruturalistas obtiveram como uma gramática implícita na fantasia criadora de mitos. Trata-se de elucidações fascinantes que nos enriqueceram e, no entanto, não podem substituir-se ao encanto da sabedoria do mundo dos mitos. Por isso, a linguagem natural reserva-nos ainda outros acenos e outros mistérios que vão além do milagre da comunicação verbal, que se poderia também obter e se alcança mediante um código artificial. É uma comunidade de outra natureza, à qual nos liga a linguagem como língua materna no exercício do nosso pensamento e da nossa razão. Não é apenas um dom da natureza o que, enquanto capacidade de falar, nos faculta possibilidades de entendimento como através dos sistemas artificiais de signos. A sociedade humana, graças à linguagem, tem uma amplitude e uma índole muito distintas das de todas as sociedades animais: «Somos diálogo e podemos escutar-nos uns aos outros». A transformação integral do nosso mundo vital pelo ordenamento dos costumes, pela constituição de tradições religiosas e culturais remonta a esse milagre último, que não consiste apenas na sinalização que regula o comportamento de uma espécie, mas na criação de uma comunidade linguística própria e do seu mundo comum. A arte de conseguirmos escutar-nos uns aos outros e a força de podermos ouvir o outro, eis a novidade, e nisto reside a universalidade de toda a hermenêutica, que abarca e suporta o nosso pensamento e a nossa razão.

A hermenêutica não é, pois, apenas uma disciplina auxiliar que cumpre a função de uma importante ferramenta metodológica para todas as ciências. Penetra até ao mais íntimo da filosofia, que não é apenas pensamento lógico e investigação metodológica, mas sempre persegue uma lógica do diálogo. O pensamento é a conversação da alma consigo mesma. Assim definiu Platão o pensamento, e tal significa, simultaneamente, que pensar é ouvir as respostas que damos a nós mesmos ou que nos são dadas, quando trazemos à pergunta o que é incompreensível. Entender o incompreensível e, sobretudo, entender o que quer ser entendido, engloba a totalidade da nossa capacidade de meditar, que oferece sempre nas religiões, na arte dos povos, na torrente da nossa tradição histórica novas respostas e desperta, com cada resposta, uma nova pergunta. Isto é a hermenêutica como filosofia.

Se olharmos as tarefas da hermenêutica em tal extensão, revela-se imediatamente a sua proximidade com a psiquiatria. Se a filosofia é a pretensão de compreender o incompreensível e de arrostar as grandes questões da humanidade – às quais as religiões, o mundo mítico, a poesia, a arte e a cultura em geral oferecem a sua própria resposta –, então abarca os mistérios do começo e do fim, do ser e do nada, do nascimento e da morte e, sobretudo, do bem e do mal, questões enigmáticas para as quais o saber parece não ter respostas. O psiquiatra reconhecerá logo a proximidade de tais imperceptibilidades com as que encontra nas doenças psíquicas e mentais, com que tem de lidar. Conhece, por exemplo, a demência religiosa e a sua violência mortal e, muitas vezes, suicida, que pode conduzir um indivíduo ou grupos e seitas inteiras à morte. Conhece também a loucura amorosa, que pode igualmente levar à perdição. Como homem esclarecido pela ciência, o psiquiatra está familiarizado com todas estas obsessões. Mas o moderno homem esclarecido pode também compreeender se há demónios que se apossaram de alguém e que importa eliminar, ou se há inspirações divinas ou ideias demenciais, como as que assediam Ájax e Orestes no palco grego («Sou da estirpe de Tântalo»). Quando há conhecimento místico ou com ele depare plasticamente na poesia e na mimese trágica, o médico perito em tais ocorrências nem sempre saberá traduzir essas expressões da arte. O mais provável é que reaja como no exemplo clássico da estreia de *Antes da Aurora,* de Gerhart Hauptmann, obra em que um longo e lento nascimento, com os seus lamentos, domina dolorosamente, a partir do fundo, a cena dramática. Por fim, um médico, decerto como espectador, lançou, indignado, um fórceps para o palco. Foi assim em finais do século passado.

Quer seja no palco ou na experiência da sua vida profissional, o psiquiatra depara com situações estranhas e incompreensíveis, que para ele significam a loucura enquanto doença anímica ou mental. Mas, ao contrário do que ocorre no diagnóstico médico, a categoria da doença – que utilizo como evidente – já não é para o psiquiatra um dado inequívoco. O médico corrente formula o diagnóstico quando um paciente o consulta porque algo «não anda bem». Para o paciente, o simples facto de algo lhe faltar define a saúde e a doença, mesmo quando a seguir se estabeleça que nada nele está a falhar. Por isso, a sensação de doença – ainda que porventura errónea – é o que primeiro nos leva ao médico. O psiquiatra, pelo contrário, deve lidar com situações em que o próprio discernimento da doença está afectado, ou em que o médico deve cuidar de doentes imaginários ou simuladores, que tentam por si subtrair-se a toda a compreensão. A tarefa hermenêutica do psiquiatra é, pois, muito diferente da que envolve qualquer outro tratamento médico de uma doença, e é-lhe também inerente uma parceria humana, por passageira que seja. Tal parece aqui impedido. Até as questões-limite psicossomáticas deparam, nos casos patológicos, com resistências por parte do paciente, mediante as quais este procura proteger o seu inconsciente. Também então se manifesta ao psiquiatra a conhecida problemática específica da profissão:

a necessidade de se compreender, mesmo que o paciente se esquive. Ela confirma-se em virtude de o diálogo terapêutico psicanalítico exigir, como condição indispensável para o seu cumprimento, que o paciente se dirija ao psicanalista, graças ao seu discernimento pessoal da doença.

Nas últimas décadas – sobretudo a partir de Foucault –, o conceito de doença mental e de anomalia psíquica converteu--se outra vez num problema, do ponto de vista sociopolítico. É inegável que uma consciência social normativa e o correspondente comportamento por parte da sociedade enquanto todo co-definem sempre o conceito de doença desta natureza e o tornam problemático. Os praticantes das ciências humanas e os filósofos conhecem o problema, sobretudo pelo conhecido rótulo de «génio e loucura». Entre os artistas e as pessoas com inclinações artísticas, que vivem desde há muito tempo à margem da sociedade, observa-se uma anomalia que transforma num problema a demarcação de fronteiras. Falar de deficiência mental – porventura não tanto por parte do médico quanto do ponto de vista da vida cultural – é muito discutível em certos casos-limite. Na Alemanha, temos o caso do poeta Friedrich Hölderlin. Olhada a partir do fim sombrio do poeta, grande parte da sua obra era tão obscura e estranha para os seus contemporâneos que até os seus amigos excluíram muitos dos seus poemas mais significativos da edição póstuma. Por isso, uma parte importante da obra de Hölderlin, correspondente aos últimos anos da sua vida, mas anterior ao total obscurecimento do seu espírito, só foi redescoberta no nosso século. Como verdadeiro contemporâneo, inspirou a poesia deste século. Inclusive, os poemas dos últimos anos, que indubitavelmente brotam da época da sua plena enfermidade mental, fizeram entretanto época. A alternativa discutida pelos investigadores actuais – sobre se a doença mental de Hölderlin foi autêntica ou simulada – é uma questão mal posta. Há também uma transição entre o autêntico e o simulado, como no caso de *Henrique IV* de Pirandello. Nem muito diferente é o que aconteceu com Friedrich Nietzsche, embora aqui não seja controversa a doença, mas apenas a sua origem e, claro, as suas causas. Mas é muitíssimo mais difícil separar a loucura do que tem sentido nos últimos escritos de Nietzsche; trata-se de um caso-limite muito complexo, que convida permanentemente a procurar novas soluções. É ainda compreensível ou é já incompreensível o que Nietzsche assinou como «Dioniso ou o Crucificado»? O conceito de compreensibilidade revela-se extremamente vago. No caso da psicanálise, quando ela reúne os escombros da vida onírica em testemunhos dotados de sentido, o conceito de incompreensibilidade começa a diluir-se. Graças à sua actividade pericial, e a partir da sua práxis quase diária, o psiquiatra conhece bem a dificuldade da demarcação de fronteiras, e, no domínio judicial, adquire um peso quase sufocante para a consciência moral, quando se trata de determinar a capacidade de imputação e da punição. Entretanto, a disseminação das enfermidades devidas à droga e à toxicodependência deveria alertar-nos ainda mais, pois as transições entre a loucura mística, a paixão amorosa, os ciúmes, o ódio e a amizade, e os limites da capacidade de imputabilidade transformaram-se num problema quase insolúvel.

O psiquiatra dos nossos dias – que conta com o instrumentário infinitamente refinado das medições e da grande disponibilidade de dados, tanto para descobrir a doença como para escolher os meios adequados ao seu tratamento – é dominado por objectivações imensas muito diferentes. Deste ponto de vista, os casos-limite antes mencionados quase se poderiam considerar meros fenómenos marginais. Mas a inquietante obscuridade que rodeia a doença mental não deixa de ser incompreensível, mesmo que o médico disponha dos meios necessários para dominar a doença, como, por exemplo, os psicofármacos. Na parceria entre médico e doente subsiste, em muitos destes casos, um abismo insuperável. Aparentemente, não há hermenêutica que ajude a franqueá-lo – e, todavia, a camaradagem entre homens deve, mesmo nos casos mais difíceis, reclamar do médico – e, quem sabe, talvez também a favor do paciente? – o seu direito.

Albert Camus contou a seguinte história. Numa clínica psiquiátrica, um médico vê, ao passar, um dos seus pacientes a pescar com um anzol numa banheira. Consciente da insuprimível parceria entre homens, o médico pergunta, de passagem: «Então, já mordeu algum?» Responde o paciente: «Idiota, não vês que isto é uma banheira?» Como vão e vêm os fios! Plena lucidez na loucura total! Que distância insuperável na deixa afável, que reside na intenção da piada! E que queda! Quem é aqui o idiota? Somo-lo sempre um pouco quando o outro não entende uma graça ou toma à letra algo dito com ironia. E, no entanto, como não deveria o médico ligar os fragmentos de sentido que encontra no paciente. Entende o entusiasmo pela pesca e o fascínio que esta exerce e procura partilhar um pouco da violência louca que nela impera, pelo menos através de uma piada. Em vista de ao menos partilhar algo. A resposta do doente é impiedosa. O poder da sua loucura afirmou-se tanto nele que considera o médico um ignorante – como acontece sempre – porque este não partilha nem crê nas suas ideias demenciais. A anedota reflecte perfeitamente até que ponto é perigoso tentar partilhar o sentido com um homem que se encontra perturbado. E aqui abre-se toda a imensa soturnidade do abismo que separa alguém do doente. Para o demente, a superioridade do médico representa apenas ignorância. A resistência do doente, que defende a sua ideia fixa, transforma o outro em ignorante.

No fundo, isto não nos deve surpreender. Conceitos tão rígidos como o de incompreensibilidade – e sobretudo a propósito de algo em que toda a tentativa de compreensão necessariamente fracassa – são, nos âmbitos da vida humana, inadequados. Também os conceitos de saúde e de doença descrevem fenómenos vitais: aspectos da vitalidade oscilante, que acompanha os altos e baixos do nosso sentimento vital.

Para se lhe ajustar, exige-se do médico, tanto no diagnóstico como no tratamento, algo mais do que o conhecimento científico e técnico, algo mais do que a experiência profissional. O médico recorrerá, decerto, a todo o arsenal da medicina actual e da clínica com o propósito de formular o seu diagnóstico a partir dos resultados objectivos que a medição e o exame proporcionam. Também estará disposto a basear-se com liberalidade nos valores normativos e estandardizados da avaliação dos resultados, porque sabe que certos desvios podem ser temporários ou pouco significativos. E o diagnóstico não levantará objecções, sempre que o assunto não se situe demasiado fora do comum. Mas isto não é tudo.

Conheci um famoso patologista que me disse um dia: «Quando adoeço, recorro a um clínico, meu colega (também um homem famoso) e peço-lhe que me diga o que tenho – e, em seguida, escolho um médico que me trate». Evidentemente, o próprio tratamento tem as suas regras e as suas receitas. Mas num bom médico juntam-se muitos outros factores, que transformam o tratamento numa camaradagem entre o médico e o paciente. O final feliz é constituído pela alta do paciente e o seu reingresso no círculo habitual da sua vida. Quando se trata de doenças crónicas ou de casos desesperados, que não permitem acalentar cura alguma, resta sempre o recurso de aliviar o sofrimento. Torna-se assim ainda mais importante o papel desses factores não objectiváveis. Problemas terríveis pesam sobre o médico, sobretudo no tocante à chamada preparação para a morte. Em que medida pode o médico atenuar o sofrimento quando, juntamente com as dores, elimina também a personalidade, a sua vida de livre responsabilidade e a sua morte?

Uma vez mais, a reflexão sobre o papel da hermenêutica dentro da psiquiatria nos levou muito para além dos limites desta grande especialidade. Ainda do ponto de vista médico, é impossível negar a unidade psicofísica do homem. Será realmente um erro que um grupo de psiquiatras tome consciência da universalidade da hermenêutica? Percebe então que o âmbito do seu saber não é uma ampla especialidade da ciência e da arte médicas, cuja crescente potência admiramos. Compreende então que o limite, aparentemente inerente à especialização, na realidade não existe. «A alma» não é uma parte, mas o todo da existência corpórea do homem. Aristóteles sabia-o. A alma é a vitalidade do corpo.

Fontes

TEORIA, TÉCNICA, PRÁTICA
in: *Neue Anthropologie*, T.I., Estugarda/Nova Iorque, 1972, 9-37.

APOLOGIA DA ARTE DE CURAR
in: *Festschrift für Paul Vögler,* Leipzig, 1965, e in *Kleine Schriften* I, 211-219.

ACERCA DO PROBLEMA DA INTELIGÊNCIA
«Philosophische Bemerkungen zum Problem der Intelligenz». in *Der Nervenarzt*, 7, Heidelberga, 1964, 281-286 (Conferência pronunciada num Congresso da Associação Alemã de Psicoterapia, Wiesbaden, Setembro de 1963).

A EXPERIÊNCIA DA MORTE
in: *Gesammelte Werke*, 4, 288-294 (Conferência pronunciada no Süddeutsche Rundfunk, Heidelberg em 10 de Outubro de 1983).

EXPERIÊNCIA E OBJECTIVAÇÃO DO CORPO
in: No número especial publicado por ocasião do prémio Dr. Margit Egnér, 1986, Fundação Dr. Margit Egnér, 1986, 33-43.

ENTRE NATUREZA E ARTE
in: *Viktor von Weizsäcker zum 100. Geburtstag (Schriften zur anthropologischen und interdisziplinären Forschung in der Medizin)*, vol. I, organizado por Peter Hahn e Wolfgang Jacob, Berlim/Heidelberga, 1987, 45-50.

FILOSOFIA E MEDICINA PRÁTICA
in: *Das Philosophische und die praktische Medizin (Brücken von der Allgemeinmedizin zur Psychosomathik*, vol. IV), originado por Helmut A. Zappe e Hansjakob Mattern, Berlim/Heidelberga, 1990, 37-44.

O MISTÉRIO DA SAÚDE
in: *Erfahrungsheilkunde, Acta medica empirica: Zeitschrift für die ärztliche Praxis,* vol. 40, N° 11, 1991, 804-808.

AUTORIDADE E LIBERDADE CRÍTICA
«Über den Zusammenhang von Autorität und kritischer Freiheit», in: *Schweizer archiv für Neurologie, Neuchirurgie und Psychiatrie,* vol. 133, H.I., Zurique, 1983, 11-16.

TRATAMENTO E DIÁLOGO
Conferência pronunciada no simpósio sobre a obra do neurologista e psiquiatra Alfred Prinz Auersperg, em Setembro de 1989, em Oettingen.

VIDA E ALMA
Conferência na Universidade de Zurique durante o curso de Verão de 1986.

ANGÚSTIA E ANSIEDADES
Conferência pronunciada em Heidelberga, no colóquio sobre o problema da angústia, dirigido por Hermann Lang, 1990.

HERMENÊUTICA E PSIQUIATRIA
Apresentado em versão inglesa, no Congresso de Psiquiatria de São Francisco, 1989.

Índice

Prefácio VII
Teoria, técnica, prática 11
Apologia da arte de curar 45
Acerca do problema da inteligência 59
A experiência da morte 77
Experiência e objectivação do corpo 87
Entre natureza e arte 101
Filosofia e medicina prática 109
O mistério da saúde 119
Autoridade e liberdade crítica 133
Tratamento e diálogo 141
Vida e alma 155
Angústia e ansiedades 167
Hermenêutica e psiquiatria 177
Fontes 189